# COMMENT JE SUIS DEVENU…

# LE MEILLEUR VENDEUR DE MA BOITE

ÉRIC GOULARD

ericgoulard.com

PREMIÈRE ÉDITION
ISBN-13: 978-1512187007

Relecture : Julia Montegnies
Illustrations : Fotolia et Ralitza Soultanova

Classification : Psychologie / Communication / Développement personnel
BISAC : Psychology / Self-Help / Self-Improvement

1. Communication — 2. Psychologie — 3. Persuasion
4. Influencer — 5. Convaincre

# TABLE DES MATIÈRES

# AVANT-PROPOS

Les jeunes vendeurs sont souvent démunis lorsqu'ils démarrent une nouvelle activité. Au mieux, ils reçoivent une formation à leur arrivée dans l'entreprise. Au pire, ils obtiennent un peu d'aide de leurs nouveaux collègues durant les premiers jours. À la fin, la loi des objectifs et du chiffre d'affaires devra être respectée. L'enthousiasme du début peut rapidement se transformer en un sentiment amer mêlant désillusion, stress et peur de l'échec.

Durant plus de vingt ans, j'ai vendu des produits et des solutions complexes aux entreprises et aux particuliers, et je le fais encore aujourd'hui. J'ai aussi rencontré des milliers de commerciaux, jeunes et moins jeunes, à l'occasion de formations et de conférences. Tous expriment les mêmes difficultés et angoisses.
J'ai aussi constaté que peu prennent le temps de lire. Pourtant, les rayons des librairies et des bibliothèques regorgent de manuels de vente proposant des techniques, des stratégies et tout un tas de recettes miracles pour réussir sa vie professionnelle, et surtout, vendre plus ! La plupart des vendeurs se contentent de feuilleter rapidement des livres et de parcourir en un temps record des articles de magazines sur papier ou sur Internet. Ils prennent aussi les conseils à la volée, au fur et à mesure des échanges avec leurs pairs, qu'ils expérimentent à l'occasion d'entretiens clients. Cette méthode empirique est formatrice sur le long terme, mais elle pèse sur la rentabilité et l'atteinte des objectifs. Les plus motivés réussissent, les autres abandonnent.

Ce nouveau livre est dans la lignée de mon précédent *Comprendre et maîtriser l'intelligence non verbale* (Edition Leducs 2014). La méthode de vente est présentée ici sous la forme d'un récit afin d'en faciliter sa compréhension.

Cette méthode est simple et opérationnelle immédiatement dès la fin de la lecture. Elle est renforcée par l'apport d'outils, d'astuces et de techniques d'analyse comportementale visant à mieux comprendre les clients et à les influencer.

Ainsi, j'espère que ce livre atteindra son but : vous aider à vendre plus, à augmenter votre chiffre d'affaires et votre marge.

Bonne lecture !

Éric Goulard.
Lille, juin 2015

# PROLOGUE

— Merci d'être venu. On vous rappellera.

Elle me raccompagna à la porte de son bureau en esquissant un sourire mécanique qui n'avait rien d'amical. À y repenser, je dirais plutôt qu'elle m'a fait une grimace. Vous savez, c'est ce petit sourire forcé que les gens vous adressent quand ils veulent montrer qu'ils sont aimables, alors qu'ils n'ont absolument pas envie d'être sympa avec vous.
C'était la première et la dernière fois que je la vis. Elle, c'était la DRH de trop dans mon long parcours de vendeur en recherche d'emploi. J'en avais rencontré quatre autres ce mois-ci et vingt-quatre au cours des dix mois qui ont suivi mon licenciement. Là, c'était vraiment trop ! Je décidai de rentrer chez moi, avec la ferme volonté de changer quelque chose. Je ne savais pas encore quoi, mais de toute évidence, mon profil n'intéressait pas les recruteurs.

C'était fin octobre 2012, j'avais 32 ans et j'habitais seul dans un petit appartement. Mes parents m'avaient poussé à devenir informaticien. Ils disaient que c'était un métier d'avenir. Peut-être pour certains, mais ce n'était pas mon truc. Pas envie de rester assis sur une chaise toute la journée à taper des lignes de codes qui, de toute façon, seraient bien vite obsolètes...
Non, il me faut des contacts avec les autres, j'aime trop vivre et rencontrer des gens. C'est pour cela que j'ai choisi de devenir commercial. Enfin, à l'époque j'essayais de le devenir. Dur dur ! C'était le parcours du combattant. Ce n'est pas plus simple aujourd'hui pour ceux qui veulent suivre le même chemin que moi, mais pour moi, il faut reconnaître que c'était particulièrement difficile ! Je n'avais pas de formation de vendeur, ce qui conduisait les recruteurs à systématiquement

mettre mon CV de côté. C'est moche, surtout quand on a vraiment envie de faire ce métier ! Ma petite expérience ne suffisait pas à les convaincre. Les opportunités d'emploi étaient vraiment très minces... Heureusement, le vent a tourné dans ma direction, et aujourd'hui, je suis ce que mes collègues appellent *un killer*. Je ne suis pas fier de ce titre qui me suit partout au bureau. Ils le considèrent comme honorifique, mais ils l'ont choisi pour moi. Ils m'appellent comme cela parce que j'ai reçu un énorme fusil en chocolat l'année dernière, au cours d'une remise de prix des meilleurs vendeurs de ma boîte. J'ai été sacré *meilleur vendeur de l'année* de l'ensemble des agences françaises. Un diplôme décore le mur de mon bureau, juste derrière moi. Mon chef dit que cela rappelle aux autres vendeurs qu'ils peuvent s'améliorer. C'est certainement un truc de managers pour motiver les autres.

— Quentin, j'ai un client au téléphone. Il dit que tu lui as promis une installation lundi prochain. Il y a un serveur et neuf postes clients. C'est un cabinet d'avocats, je crois.
Patty avait l'air essoufflée.

— Très bien, je prends l'appel dans mon bureau. Tu peux me le transférer ? Merci.
Je me précipite vers mon petit bureau de 9 m$^2$.

Patty est le surnom que j'ai donné à Patricia, l'assistante du service commercial. Elle aime bien que je l'appelle ainsi. Elle vit plutôt mal ses cinquante-deux ans. Cette petite marque de complicité entre nous l'aide probablement à se sentir plus jeune. C'est du moins ce que je pense. Mais j'ai remarqué que j'obtiens plus de choses d'elle quand je l'appelle Patty plutôt que Patricia. Elle travaille dans cette société depuis une dizaine d'années. Elle était la première à m'accueillir le jour de mon arrivée. Il y avait deux autres commerciaux dans mon agence. Nous sommes à présent seize vendeurs, répartis sur trois agences. Nous travaillons indépendamment sur notre secteur géographique. Patty nous relie aux services technique et financier. Nous avons peu de contacts avec eux. Les commerciaux font leur boulot, les techniciens et les comptables font le leur. C'est comme ça que ça marche dans la boîte. Patty nous réconforte par sa présence et son sourire dans les moments difficiles. Par moments, elle s'effondre et nous fait subir ses crises de pleurs. Sa dépression chronique revient tous les ans en hiver et finit par disparaître avec les premiers rayons de soleil du printemps.

Le métier de commercial n'est pas toujours simple. Il y a des hauts et des bas, des périodes plus difficiles que d'autres, des objectifs parfois inatteignables, et d'autres contraintes liées au métier et au management. On ne choisit pas ses managers, bien souvent on les subit. C'est mon cas ! Je suis vendeur dans une société de service en informatique. Mon activité consiste à commercialiser des solutions complètes en informatique et en téléphonie auprès d'un public d'entreprises. Ce domaine d'activité est complexe, car il nécessite d'avoir de bonnes connaissances techniques. Mais, il y a encore plus important que le niveau technique du vendeur : il y a la relation client !
C'est ce que j'ai appris dès mon arrivée dans l'entreprise en janvier 2013. Avant d'occuper ce poste, j'avais déjà été vendeur et disposait d'une bonne expérience de la vente. Enfin, c'est ce que j'ai dit au recruteur. Il m'a cru et j'ai eu le boulot ! C'est la règle du jeu. J'avais besoin de travailler et lui avait besoin d'un commercial. Je savais que je devrais travailler durement pour arriver à atteindre les objectifs. J'ai toujours pensé qu'il s'était trompé en validant mon recrutement. Vu mon profil, il n'aurait pas dû m'engager pour ce poste. Un collègue m'a soufflé à l'oreille qu'une fois qu'il avait donné son accord, il lui était devenu impossible de reculer. Tant pis pour lui, tant mieux pour moi !

Je me suis rapidement rendu compte que c'était difficile de vendre aux clients qui ne vous connaissent pas. Ils n'ont jamais besoin de rien ! Quand j'étais vendeur dans un magasin de meubles, c'était différent. Les clients venaient vers moi. Et s'il fallait les aborder pour les pousser à acheter quelque chose, ils avaient tout de même choisi d'entrer dans le magasin. Ici, c'est complètement différent. Les clients ne connaissent pas la société, ils ne savent pas qui nous sommes, ce que nous faisons et ce que nous pouvons leur proposer. C'est l'inconnu total. Ajouté à cela

qu'ils ont déjà un système informatique opérationnel, ce n'est jamais simple de les pousser à remplacer un système qui fonctionne et qui n'est peut-être pas encore amorti.
Le premier contact avec le métier de commercial a été difficile. J'ai découvert une nouvelle méthode de vente et une nouvelle façon de gérer les clients. J'ai aussi beaucoup appris par moi-même en expérimentant directement sur le terrain.

Je vais partager avec vous ce que j'ai appris, mais pour cela il faut revenir quelques années en arrière…

# 1. PREMIER CONTACT

Mardi matin, 15 janvier 2013.

Cela fait maintenant presque un mois que je n'ai pas eu de rendez-vous pour un job. Pendant les fêtes de fin d'année, il n'y a presque pas d'entretiens de recrutement. Et à la rentrée de janvier, tout le monde semble débordé. Faut dire aussi que je n'étais pas très motivé pour rencontrer des gens juste après la nouvelle année. Je déteste être obligé de souhaiter une bonne année à des personnes que je ne connais pas et que je ne reverrai peut-être plus jamais. Tous ces sourires forcés me rendent malade !

Il y a quelques jours, un recruteur m'a appelé pour un entretien, j'étais sous la douche quand j'ai entendu le téléphone sonner dans le salon. Il faisait glacial chez moi ! J'avais traîné au lit jusqu'à 10 heures et j'avais pris une douche qui n'en finissait pas. Le genre qui coûte une fortune en eau chaude. Je me suis précipité hors de la douche en faisant de petits bonds, espérant ainsi mouiller le moins possible la moquette. L'homme au téléphone avait une voix rauque. J'ai pensé tout de suite que cela devait être la voix d'un fumeur capable de parfumer une cave de jambons secs en une soirée. Cela s'est confirmé par la suite.

— Yes, un instant, je sors de la douche. Je pose le téléphone, j'arrive.

J'ai repris le téléphone moins de deux minutes plus tard.

Je me suis séché rapidement, je ne voulais pas en plus risquer de prendre froid. Avec mes économies de chauffage de ces derniers jours, il faisait particulièrement froid dans tout mon appartement.

— Bonjour Monsieur ! Je viens de prendre connaissance de votre CV. Je souhaiterais vous rencontrer pour un poste de commercial.
La voix était grave et le ton très professionnel.

— Aaahh, euuh, oui… bonjour. OK pour un rendez-vous. Je suis disponible tout le temps à partir du 17 janvier.

Je voulais vraiment éviter les deux premières semaines du mois. Après le 15 janvier, c'est relativement normal de ne pas se souhaiter une bonne année !

— Très bien, Monsieur. Je vous propose le 18 janvier à 10 heures, dans nos locaux.

J'ai tout de suite accepté la proposition, sans penser un seul instant à lui demander son adresse et le nom de sa société. Pour une fois que j'avais un rendez-vous pour un entretien et que le recruteur m'appelait en personne, au lieu de simplement envoyer un e-mail, il a fallu que j'oublie de lui demander son adresse ! Je m'en voulais ! Heureusement, son numéro de téléphone apparaissait dans le journal des appels. Je pouvais le rappeler, ce que j'ai fait immédiatement. Tant pis si j'avais l'air bête, au moins j'aurai les coordonnées pour mon rendez-vous.
Je suis tombé au standard de l'entreprise et la réceptionniste m'a renseigné très gentiment. Elle était très professionnelle et avait une voix douce, ce qui était bon signe.

Il fait froid ce matin, comme tous les matins d'hiver dans le nord de la France. Le ciel laisse apparaître quelques rayons de soleil trop faibles pour réchauffer l'air. La route est calme, il y a peu de voitures et seulement quelques camions. À cette heure de la journée, tout le monde est au bureau. Il ne reste que les gens comme moi sur les routes. Vive les horaires décalés ! Cela dit, il faut que ma situation change, car je ne peux pas rester plus longtemps sans boulot.

**NOTE : Faire bonne impression au téléphone**

À moins que vous reconnaissiez le numéro de téléphone de votre meilleur ami, ou la photo de votre belle-mère s'affichant sur votre écran, il est important de toujours décrocher son téléphone de façon sérieuse.
Si un recruteur prend contact avec vous, il s'attend à parler à un professionnel. Il pourrait ne pas comprendre votre attitude et la qualifier très rapidement de *non professionnelle.* Certains recruteurs pourraient immédiatement détruire votre candidature simplement sur la base de ce premier contact téléphonique. Toutes les relations avec des professionnels doivent être traitées de façon professionnelle, qu'il s'agisse de relations en face à face ou à distance (e-mail, téléphone, etc.) Si vous recherchez un emploi, vous devez être particulièrement vigilant face aux appels provenant de numéros inconnus ou masqués. Chaque appel peut provenir de votre prochain employeur.

S'il y a du bruit derrière vous, essayez, si possible, de vous isoler avant de décrocher. De même, s'il y a de la musique ou que la télévision est allumée, coupez le son immédiatement. Si vous êtes accompagné de personnes bruyantes, isolez-vous ou demandez-leur de rester silencieuses et de ne pas vous déconcentrer, surtout si vous faites la fête avec des amis.
Une fois que vous avez décroché, présentez-vous simplement et rapidement en citant votre prénom et votre nom, suivi de *bonjour* ou *bonsoir*, en fonction de la période de la journée. Après 17 heures, il est préférable de dire *bonsoir*. La journée étant presque terminée, la soirée peut commencer.
Exemple : *Quentin Buriant, bonjour*.

Soyez souriant, agréable et sympathique. On ne pourra pas vous reprocher d'être gentil. Par contre, votre interlocuteur pourra vous reprocher un contact froid et déplaisant.
Souvenez-vous que la première impression est très importante.

Aujourd'hui, je sens que le vent va tourner ! Il m'arrive d'avoir une intuition pour ces choses-là : le flair du commercial qui sent qu'il va vendre ! Le vendeur est parfois comme un loup qui s'approche de la bergerie à la tombée de la nuit. Il sent la chair fraîche s'agiter derrière de frêles murs de bois. Tel un prédateur, je m'approche doucement de l'entreprise, en dirigeant calmement ma voiture vers une place de parking proche de l'entrée. J'évite les places réservées à la direction ou aux personnes à mobilité réduite. On m'a toujours répété de respecter les règles de stationnement, car c'est mal vu de prendre la place de quelqu'un, surtout si c'est le chef ! Je gare ma voiture, sans précipitation. Je montre ainsi ma sérénité à toutes les personnes qui pourraient me voir arriver. Je suis réellement calme dans ma tête, car je suis confiant. Je crois en mes capacités à obtenir ce boulot, je vais l'avoir, celui-ci est pour moi, je le sens. Je suis le prédateur et il est la proie ! Je vais bien, tout va bien ! C'est ma nouvelle façon de me motiver. J'ai lu dans des livres que l'automotivation est un puissant moteur pour réussir ses entretiens. Les vendeurs le font quand ils rencontrent des clients. Il n'y a pas de raison que cela ne fonctionne pas ici ! Et puis, cela me fait du bien de penser que je vais dominer cet entretien ! Cela fait trop de temps que je me laisse marcher sur les pieds par des recruteurs qui se sentent tout-puissants.

Me voilà donc arrivé. Je suis parfaitement dans les temps. J'essaie toujours d'arriver en avance à mes rendez-vous. Cela me permet de mieux gérer le temps et le stress. Bon, il faut y aller !
Derrière la porte, trois collègues parlent vivement et bruyamment. Je les regarde brièvement et les salue de la tête, sans vraiment les voir. Je serais incapable d'en reconnaître un seul si je les croise plus tard dans la rue !

— Bonjour, je suis Quentin Buriant. J'ai rendez-vous avec Monsieur Delatombe.
L'hôtesse d'accueil me regarde en esquissant un sourire.

C'est une jolie dame pour son âge. Elle a sûrement été belle autrefois. Le temps n'a pas eu raison de sa beauté et le maquillage est capable de faire des miracles. Enfin, c'est ma façon de voir les choses.

— Bonjour Monsieur. Je vais informer Monsieur Delatombe de votre arrivée. Je vous prie de patienter quelques instants dans le petit salon.

Elle me désigne trois chaises en plastique rouge, posées autour d'une table basse, en plastique aussi. Le salon est une sorte de voie de garage où les visiteurs sont censés patienter confortablement. Visiblement, nous ne partageons pas la même signification du mot *confort*. Le salon semble aussi accueillant que des toilettes de supermarché. Enfin, puisqu'apparemment je n'ai pas le choix, je vais patienter là. Les magazines posés sur la table sont vieux de trois ans. Bon, je vais faire semblant d'en feuilleter un, en attendant que le recruteur arrive.
Une demi-heure plus tard, et sept magazines parcourus, c'est un homme d'une quarantaine d'années qui vient vers moi. Le ventre rebondissant, la mine grave et les sourcils en bataille, il me dévisage une première fois avant de me broyer la main.

— Bonjour Monsieur Buriant ! Suivez-moi !
La voix de l'homme qui s'avance vers moi est forte et sèche.

Gloups ! Il n'a pas l'air sympa celui-là. Bizarre, je n'avais pas eu cette impression au téléphone. Encore un qui se prend pour un dieu. Faut pas exagérer non plus, il pourrait être un minimum humain. Hmmm... Pas envie de bosser pour lui ! J'ai déjà la nostalgie des après-midi d'hiver passés tranquillement au chaud, devant un téléfilm...
Une fois arrivé dans son bureau, il me présente une chaise et s'assoit dans son énorme fauteuil en cuir, en se laissant tomber comme une grosse cuillère de purée dans une assiette de cantine. Au moment où il s'est écrasé au fond de son siège, une odeur de transpiration absolument immonde a traversé la pièce. L'instant d'après, il me regarde droit dans les yeux tout en étant à moitié couché sur le bureau.

— Monsieur Buriant, vous voulez travailler chez nous, alors parlez-moi de vous.

Bon sang ! Il a dégainé sa question à la vitesse de Lucky Luke tirant sur l'un des frères Dalton ! Je ne l'ai pas vu venir, qu'il faut déjà y répondre. Le moins que l'on puisse dire est qu'il est direct !

— Oui, effectivement... j'ai besoin de travailler et je ne suis pas trop mauvais en vente. Alors, je me suis dit que je pourrais éventuellement travailler chez vous. Je connais bien le secteur des réseaux informatiques et puis je suis un ancien technicien en informatique. Alors, vous savez, je connais bien les ordinateurs.

Ses gros yeux globuleux fixés sur moi et son demi-sourire laissant apparaître ses dents jaunies par le tabac me glacent le sang. Mais qu'est-ce que je fais ici ?

— OK, je vois. Et maintenant, vous voulez vendre des ordinateurs. Mais vous savez qu'ici vous allez avoir affaire à des clients professionnels, parfois très exigeants, qui attendent de leur prestataire de service qu'ils soient très performants, réactifs et proactifs, des clients qui n'attendent pas une réponse, mais qui veulent que leur commercial anticipe les réponses aux questions qu'ils ne se sont pas encore posées. Vous êtes fait pour cela ?
Il s'arrête de parler subitement, visiblement en attente d'une réponse.

Oulalaaaaah, qu'est-ce qu'il a dit ? Je n'ai pas compris la question et je dois déjà y répondre. C'est horrible ! Qu'est-ce que je vais lui dire ? Ce type est une catastrophe ! J'ai envie de sortir d'ici en courant. Bon... pas de précipitation, il faut répondre calmement...

— C'est vrai, il faut être réactif et performant.
Ce sont les seules choses que j'ai comprises dans son flux de paroles. Il me regarde et ne dit rien, il attend la suite. J'enchaîne immédiatement :
— C'est pourquoi je prends un soin tout particulier pour accompagner et suivre mes clients de près. C'est important pour moi que mes clients se sentent bien dans la relation qu'ils ont avec leurs partenaires et fournisseurs.

Une vague de chaleur envahit mon dos comme si j'étais collé contre un radiateur ; mes joues brûlent et mon front me démange. Je dois être rouge écarlate. Le stress s'empare de moi, ce n'est pas bon ça ! Il faut que je me calme.

Le recruteur sourit et se lève tout à coup pour prendre un document sur le meuble derrière lui.

— Parfait Monsieur ! Nous recherchons un commercial motivé, jeune et dynamique comme vous. Je ne vais pas y aller par quatre chemins, nous avons besoin d'un nouveau collaborateur tout de suite. Si vous êtes disponible immédiatement, vous commencez dès lundi, avec une période d'essai d'un mois. Le temps de vous envoyer le contrat et le plan de rémunération... ah, oui.

Il s'interrompt soudainement, et reprend aussitôt.

— Vous verrez l'ensemble des modalités avec mon assistante Patricia.

Il a mon CV dans les mains, sur lequel il écrit d'un trait : *OK* au feutre rouge, dans une précipitation mal contrôlée.

Mon dos est déjà dégoulinant de sueur. Il fait chaud dans ce bureau, et le stress créé par cette situation n'arrange rien. Ma cravate est trop serrée et cette odeur de transpiration me rend malade. J'espère ne pas devoir travailler avec lui, ce serait insupportable.

— Je suis heureux de travailler avec vous, Monsieur Delatombe.

Je souris timidement en essayant d'afficher un air confiant. Il semble pressé d'en finir... je me lève doucement, et c'est alors qu'il me pousse presque à la porte de son bureau.

— Parfait, parfait. Je ne vous raccompagne pas, j'ai une réunion téléphonique qui démarre maintenant. Monsieur Brulant, à lundi matin 9 heures !

Il ferme la porte de son bureau brutalement, en me laissant dans le couloir.

— Buriant, Monsieur, pas Brulant.

Mais c'est trop tard, il a déjà refermé la porte.
Je n'en reviens toujours pas. Je serai ici, dans cette société, dès lundi. Cela fait un an que je cherche du travail. J'ai vu des dizaines de recruteurs. J'ai passé des heures et des heures en entretiens, sans jamais pouvoir décrocher la moindre proposition. Je rencontre ce type bourru pendant cinq minutes et je ressors avec un boulot ! C'est le monde à l'envers ! Soit je lui ai plu tout de suite, soit il a vraiment besoin d'un commercial au plus vite. Enfin, tant mieux pour moi !

— Monsieur ?
Une voix m'appelle. Cela vient du bureau voisin de celui du recruteur. J'étais toujours dans le couloir, perdu dans mes réflexions.
— Je m'appelle Patricia et je suis l'assistante de Jean-Noël Delatombe. Bienvenue parmi nous.

— Merci.
Je souris en essayant d'avoir l'air sérieux et sympa.

Elle est déjà au courant de mon arrivée dans l'entreprise. Les nouvelles vont vite...

— Je vous enverrai votre contrat par courrier dès cet après-midi. Il faudra que vous me communiquiez quelques pièces administratives.

Elle me donne une liste de documents à lui fournir et insiste sur l'importance de lui transmettre tout cela dès cet après-midi.
Moins de deux minutes plus tard, je suis dans le parking de l'entreprise, en train de rejoindre ma voiture. Cet entretien de recrutement a été ultrarapide et diablement efficace. J'en suis encore tout retourné. Bon, ne perdons pas de temps, il faut que je rentre chez moi pour préparer les documents nécessaires pour mon dossier.
J'ai enfin un emploi ! YEEEEES !

**<u>NOTE</u> : Gérer une question difficile**

Il est possible que vous rencontriez une situation similaire où vous ne comprenez pas la question qui vous est posée. Vous risquez de commettre une erreur ou de vous engager dans une situation compliquée, hors de laquelle il sera difficile de sortir. Il est préférable de dire à votre interlocuteur que vous ne l'avez pas compris. Vous pouvez lui demander de répéter la question. Vous pouvez aussi lui dire que vous n'avez pas entendu toute la question. Cette dernière possibilité suggérera à votre interlocuteur qu'un élément extérieur, tel qu'un bruit, a perturbé votre audition. Cela sera moins associé à votre capacité de compréhension.
Préférez donc l'une de ces formules :
— *Excusez-moi, je n'ai pas entendu*, suivi de :
— *Pourriez-vous répéter votre question ?*
— *Pourriez-vous répéter la dernière partie de votre question ?*

À peine rentré chez moi, mon téléphone sonne. C'est un SMS de Lucie.

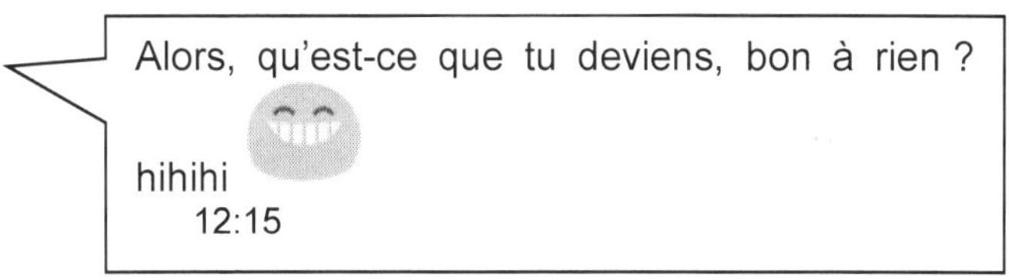


Lucie est une amie que j'ai rencontrée par hasard en faisant du shopping, il y a quelques mois. Nous avons le même âge et presque les mêmes centres d'intérêt, bien qu'elle passe son temps à regarder des reality-shows débiles à la télé. Elle est grande, brune, avec de grands yeux verts et elle est un peu timide. Ah oui, j'oubliais, elle a de grands pieds. Elle dit toujours qu'elle a des pattes de lièvre. C'est vrai qu'un lapin a des pattes plutôt longues par rapport à sa taille. Apparemment, cela la perturbe, je ne vois pas bien pourquoi.

Elle habite à deux pas de chez moi, mais est toujours trop loin pour qu'on se voit. Je crois qu'elle n'aime pas venir chez moi. Un jour, elle m'a dit qu'elle était venue sans sac, car elle avait peur de ramener un cafard chez elle. J'ai cru que c'était de l'humour. Mais en y réfléchissant bien, il est possible qu'elle l'ait dit sérieusement !

Tu ne devineras jamais ! J'ai trouvé un boulot
12:17

Et hop, je clique sur l'enveloppe pour envoyer ma réponse.

Un autre SMS arrive deux minutes plus tard.

Félicitations ! Essaye de faire 3 jours sans te faire virer et on fêtera ça ! hihihi
12:19

Je lui réponds tout de suite, cette fois en lui tirant la langue.

12:20

Aaah Lucie. J'aime bien être avec elle, mais on ne se voit que rarement. Et quand on se rencontre, c'est toujours par hasard. Elle est très timide et je suis trop idiot…

J'ai reçu un autre SMS d'elle dimanche soir :

N'oublie pas de te lever demain matin ! Biz

21:26

J'ai répondu avec une petite appréhension en pensant à ce nouvel emploi.

Merci. Bonne semaine. Biz
21:27

# 2. LA DÉCOUVERTE

Lundi 21 janvier 2013.

Je n'ai pas beaucoup dormi. Les images du thriller de série B d'hier soir et les appréhensions pour ce nouvel emploi se mélangeaient dans ma tête. Le contact avec ce manager n'a pas été bon. Quand il m'a appelé la première fois, j'ai répondu au téléphone un peu n'importe comment, mais pas du tout sur un ton professionnel. Ensuite, quand je l'ai rencontré, j'ai failli m'évanouir dans son bureau. Je n'ai absolument pas maîtrisé ma présentation. J'ai l'impression d'avoir oublié tous les conseils pour bien me préparer aux entretiens de recrutement. Et pourtant, j'en ai reçu à la pelle ! Tout le monde s'est mêlé de ma vie : les amis, la famille, les anciens collègues, sans parler de ma mère qui m'a sans cesse répété depuis un an que je devrais passer des concours et devenir fonctionnaire. Ne parlons pas des conseils bidon de ma conseillère Pole Emploi, qui s'est vantée dès le premier entretien de n'avoir jamais cherché une seule fois un travail de sa vie. Elle est peut-être bien placée pour parler d'emploi, mais peu crédible pour conseiller les candidats. Enfin, une chose est sûre : j'ai été très mauvais. Il m'a pourtant choisi pour ce poste. Je n'ai toujours pas compris comment ni pourquoi le choix s'est porté sur moi. Quoi qu'il en soit, dans moins de deux heures, je serai en face de lui.
Je me souviens à peine de son bureau et de son assistante. Par contre, je n'ai pas oublié cette odeur nauséabonde qui imprégnait encore mes vêtements quand je suis rentré chez moi. Si je dois travailler avec lui, je placerai près de moi un petit sapin qui pue comme ceux qu'on accroche dans les voitures. Une mauvaise odeur de pin vaut peut-être mieux qu'une forte odeur de transpiration. Cela dit, j'aurai une bonne motivation pour ne pas m'enterrer au bureau et passer un maximum de temps sur la route ! C'est bon pour le chiffre d'affaires.

Tout à coup, je me sens motivé à l'idée de gagner de l'argent. Plus de clients, cela veut dire plus de chiffre d'affaires, donc plus d'argent dans ma poche à la fin du mois. C'est ainsi que je conçois le métier de vendeur. Plus je fais gagner de l'argent à la société et plus j'en gagne pour moi. Il faut donc que je pense à moi et le business suivra... enfin, je l'espère.

7 h 10. Cela fait dix minutes que le réveil a sonné, et je suis toujours au lit ! Allez, j'y vais ! La journée va être chargée. Je n'aime pas démarrer un nouvel emploi. C'est toujours compliqué. Il y a les nouveaux collègues avec lesquels on n'est pas sûr de s'entendre, il y a des tonnes de procédures à devoir digérer et appliquer immédiatement, on ne sait jamais où on va travailler... En plus, si je n'aime pas mon bureau, ça va être difficile. J'ai toujours peur de me retrouver dans un bureau sans fenêtre. Je déteste ne pas voir la lumière du jour. Cela me donne mal aux yeux et à la tête. De toute façon, je n'ai pas l'intention de rester beaucoup au bureau. Si je suis commercial, c'est pour bouger, être sur la route et voir du monde. Ce n'est certainement pas pour rester enfermé avec un ordinateur et un téléphone. Cela dit, il va probablement falloir que je passe un peu de temps au bureau au début. Bon, on verra bien. Pas de stress pour l'instant. Je suis déjà en train de me faire un film alors que je n'ai même pas encore commencé...

8 h 24. Prêt à partir, je monte dans ma voiture. Je suis largement en avance, il n'y a pas de quoi stresser ! J'aurai le temps de prendre un expresso à la machine à café de l'accueil avant de rencontrer mon nouveau chef.
Pour le premier jour, j'ai choisi un look de commercial : un costume, une jolie chemise, ma cravate rayée et des chaussures classiques. C'est d'ailleurs mon seul costume et ma seule cravate. Je les porte aux mariages, aux baptêmes et aux enterrements. Il est fort possible que je doive très vite investir dans de nouveaux vêtements. Les personnes que j'ai croisées mardi dernier étaient aussi plutôt bien habillées. Je n'avais pas pensé à ce détail. J'aurais dû acheter quelques cravates et un second costume ce week-end quand j'étais en ville... Dans mon emploi précédent, je portais toujours un jeans et une veste ou un

blouson. La cravate était un accessoire totalement inutile, voire dangereux ! Mon ancien chef préférait que nous évitions de porter une cravate, car elle peut se faire avaler par un destructeur de documents. Quand l'une de ces machines attrape votre cravate, vous êtes littéralement étranglé. Il est nécessaire d'avoir de bons réflexes pour l'arrêter à temps.

C'est un grand jour, je change de cap ! Aujourd'hui, je ne suis plus ni informaticien ni technicien. Je suis un vendeur, un vrai !
J'ai intérêt à assurer dès le début sinon il risque d'avoir des doutes sur mon expérience en vente. En plus, il y a une période d'essai d'un mois indiquée dans les clauses de mon contrat. S'il n'est pas content de moi, je retournerai au chômage. Il n'en est pas question ! Je ne laisserai pas passer la chance de ma vie de faire un vrai boulot de commercial. Je serai bon ! Il faut y croire, j'y arriverai ! J'ai lu quelques livres sur la vente. C'est toujours un peu difficile de se projeter dans ce métier quand on ne l'a pas pratiqué. Mais, j'y crois, je connais des techniques. *Si d'autres y arrivent, j'y arriverai. Je suis motivé !* J'aime bien me répéter ce genre de petites phrases. Elles me font du bien et me poussent à avancer et à tenter de nouvelles choses.

8 h 57. Nom d'un chien ! Je ne suis pas encore arrivé. Cela fait plus d'une demi-heure que je roule alors que la dernière fois, j'ai parcouru le même trajet en moins d'un quart d'heure. Quel stress !

9 h 02. J'arrive enfin dans le parking. Il me faut une place, vite une place... je tourne deux allées plus loin, il n'y a pas de place non plus. Zut, plus aucune place disponible ! Tant pis, je vais me garer sur une place visiteur.
Les zones d'activités regroupant des entreprises sont comme des ruches dans lesquelles les abeilles s'activent toutes la journée. Mais à la différence des abeilles, on dirait que les architectes qui ont conçu ces ruches humaines n'y ont jamais travaillé. Ou alors ce sont des sadiques qui ont tout fait pour rendre la vie difficile aux braves gens qui y travaillent. Avez-vous déjà remarqué comme c'est difficile de s'y rendre ? Elles sont loin des centres-villes, il n'y a pas de magasins et peu de restaurants accessibles

le midi, mis à part les cantines de chaque entreprise. Elles sont souvent peu ou mal desservies par les transports en commun, la voiture règne en maître, il y a rarement des passages pour piétons et en plus, il n'y a jamais assez de places de parking !
Je déteste ce genre de camps de concentration construits pour anéantir le moral des travailleurs. Et les quelques arbres plantés dans le parking font perdre de la place. Et voilà, je suis en retard. C'est le genre de situation qui me met de mauvaise humeur !

**NOTE : Gérer ses émotions**

Il est important de toujours rester calme et de penser à des choses positives. Cela permet de se mettre dans de bonnes conditions pour la suite de l'entretien ou de la réunion. Ne cédez jamais à la colère, car cela ferait apparaître des émotions négatives.
Vous ferez bien meilleure impression en arrivant à votre rendez-vous souriant et détendu plutôt que crispé ou stressé par les émotions négatives. Les émotions sont contagieuses, alors essayez de transmettre autant que possible des émotions positives autour de vous.

9 h 11. Je pousse enfin la porte d'entrée de Noetramus, ma nouvelle boîte. Je m'annonce à l'hôtesse d'accueil et lui demande d'appeler Monsieur Delatombe. Elle me demande de patienter un instant. Trente secondes plus tard, elle me prévient que Monsieur Delatombe n'est pas encore arrivé, mais que son assistante Patricia va venir me chercher. Ouf ! J'ai de la chance. Elle a l'air plus aimable que son chef. Elle ne lui parlera peut-être pas de mon retard. Je ne vais rien lui dire à ce sujet. Si elle n'en parle pas, c'est que cela a peu d'importance pour elle. Moins d'une minute plus tard, une petite dame rondelette arrive à l'accueil, en tenant une tasse à café dans la main gauche.

— Bonjour Quentin, je suis contente de vous voir ce matin. Alors bienvenue parmi nous, puisque c'est votre premier jour chez Noetramus.

Elle dit cette phrase en me tendant la main droite. Sa voix et son regard sont chaleureux. Cela fait du bien de se sentir ainsi accueilli !

Elle continue en agitant son index comme une mère le ferait avec son enfant.

— Par contre, vous êtes en retard, Quentin. Jean-Noël Delatombe déteste les retards.

Gloups ! Une boule est apparue instantanément dans ma gorge. D'un coup, j'ai du mal à avaler ma salive, un courant électrique parcourt mon dos et mon cuir chevelu. J'ai peur pendant deux secondes, jusqu'à ce qu'elle ajoute :

— Mais rassurez-vous, je ne lui dirai pas.

Elle ricane nerveusement et reprend.

— J'imagine que vous avez été surpris par les bouchons du matin. Cela arrive à tout le monde... sauf à Jean-Noël Delatombe qui ne comprend pas que l'on ne puisse pas arriver à l'heure. Il dit toujours qu'il faut prévoir suffisamment de temps pour arriver en avance à ses rendez-vous. Mais vous savez, je ne me souviens pas de l'avoir vu arriver ici avant 9 heures. Lui aussi est bloqué dans les bouchons, mais il ne vous le dira jamais. Il raconte qu'il a une course à faire avant de venir, ou alors qu'il a un rendez-vous. Tout le monde sait que c'est faux. Il faut que je vous dise tout de suite qu'il appelle tous les jours ses commerciaux pour vérifier qu'ils sont bien arrivés. Depuis qu'il a un kit mains libres avec son nouveau téléphone, il appelle tout le temps quand il est sur la route.

Voilà une information intéressante : Patricia, l'assistante de mon nouveau chef est donc une spécialiste des ragots. C'est le genre de personnalités qui peuvent vous en apprendre beaucoup sur l'entreprise et sur les autres. Il faut donc que je sois très méfiant, car cela veut dire que si elle parle sur le dos des autres quand ils sont absents, elle parlera aussi sur le mien... L'un de mes premiers objectifs sera de créer un lien de confiance de Patricia, je pourrais avoir besoin d'elle pour m'intégrer dans cette boîte.

— Ne restons pas ici Quentin, je vais vous présenter votre

bureau. Vous avez de la chance, il est à côté du mien. Mais avant de passer le voir, je vous offre un café !

Les vingt minutes suivantes nous permettent de faire connaissance. Le café est chaud et plutôt bon. Patricia a sa machine à café personnelle dans son bureau, placée sur une petite table à côté de son imprimante. Son bureau n'est pas très grand, seulement quelques mètres carrés. Une porte fermée le sépare de celui de Jean-Noël Delatombe. Je n'avais pas remarqué ce détail la dernière fois, car je tournais le dos à cette porte. C'est donc ainsi qu'elle a su que j'allais rejoindre la société. Les murs ont des oreilles, et celles-là ont l'air particulièrement aiguisées !

**NOTE : Une mine d'informations**

Le personnel administratif peut avoir connaissance d'informations qui ne devraient pas être partagées avec des personnes extérieures à l'entreprise. Je rencontre souvent des personnes très peu formées au filtrage et à la rétention d'informations. Elles n'ont tout simplement pas conscience qu'il faut observer un minimum de confidentialité. Une simple conversation peut permettre d'obtenir de nombreuses informations allant bien au-delà de ce qu'on attend. Et parfois, il n'est même pas nécessaire de poser des questions ! Une technique bien connue des commerciaux pour collecter des informations sur une société en amont d'une réunion consiste à prendre contact avec un(e) assistant(e), ou secrétaire, par téléphone ou à l'occasion d'une visite imprévue dans l'entreprise. Le vendeur regarde, observe, écoute et collecte toutes les informations possibles. Ces données lui serviront pour son prochain entretien. Si le rendez-vous n'a pas encore été pris, il pourra s'en servir pour susciter l'intérêt de l'acheteur.

Vers 9 h 30, une voix vive et rauque surgit du bureau voisin.

— Patricia, il faut me sortir le dossier de Delaminier SA et tu me l'apportes avec une tasse de café. Ah, et aussi, tu m'amènes le nouveau dans mon bureau. Il est arrivé au moins ?

Un bruit sourd laisse supposer qu'il a laissé tomber sa grosse mallette sur sa table de travail. Mon nouveau chef vient de faire une entrée fracassante. Ce moment restera probablement gravé dans ma mémoire pendant de nombreuses années ! Voilà donc la première impression que j'ai de mon manager. Le moins que l'on puisse dire est que cela décoiffe ! Au moment précis où Patricia l'entend entrer, elle change immédiatement d'expression et de posture. Il a fallu une fraction de seconde pour que la femme souriante, aux pommettes rondes et colorées, se transforme en une statue au visage crispé et blême. Elle a perdu tout le charme et les couleurs que sa jovialité apparente lui avait donnés quelques minutes plus tôt. Elle s'est raidie, s'est reculée sur son siège, a écouté les ordres et a fait « oui » de la tête. La tête légèrement baissée, le visage tendu et les yeux regardant rapidement dans plusieurs directions tout en battant rapidement des paupières, elle s'est levée et s'est dirigée vers une armoire hors de laquelle elle a extrait un dossier jaune. Cela n'a duré qu'un instant, et pourtant j'ai pu ressentir toute la pression qu'elle a éprouvée.

**NOTE : Les relations interpersonnelles**

Patricia et son chef vivent une relation dominant — dominée. Quand le manager entre, il impose sa présence dès son arrivée. Il parle fort avec une voix rauque, il est directif, il fait résonner les meubles. C'est le comportement du mâle dominant qui veut montrer qu'il est là. Patricia change subitement son attitude pour s'effacer devant lui. Elle est subitement tendue et stressée, elle baisse la tête en signe de soumission et s'exécute.
Il suffit d'observer les comportements dans les interactions entre les personnes pour déterminer qui domine la relation. Ce n'est pas toujours aussi clair que dans cette situation.

Mais qui est donc ce type qui vient d'entrer ? Ce n'est tout de même pas mon futur chef ? Non, ce n'est pas possible, je ne peux pas bosser pour un guignol comme lui... Il traite ses collègues comme de la merde... non, pas possible !

— Monsieur Buriant est arrivé à 9 heures comme prévu, Monsieur Delatombe. Je lui ai un peu présenté la société en attendant votre arrivée. Monsieur Buriant est impatient de commencer.
La voix de Patricia est hésitante et légèrement tremblante.

Impatient, elle a dit que je suis impatient. Bon sang, j'ai plutôt envie de me barrer ! La première fois, il a été très expéditif et m'a presque jeté de son bureau... bon, d'accord, il m'a engagé sans poser trop de questions... mais je n'aime pas l'ambiance qui règne ici. Et puis, qui est-ce exactement ? C'est le grand chef ou c'est juste un employé ? Encore l'un de ces...

— Bonjour ! Je suis content de vous revoir. Patricia vous a proposé un café, comme je vois. Vous en voulez un second ?
Il m'interrompt dans mes pensées.

— Euuuh, non, c'est bon. Merci.
Ce sont les seuls mots qui me viennent à l'esprit.

Au même moment, son téléphone portable sonne. Il décroche en une demi-seconde d'un coup sec du pouce. Il parle sèchement à son interlocuteur, ses mots sont courts et ses phrases brèves. Pendant qu'il écoute, il me regarde avec un sourire forcé et la lèvre du bas pendante. Il me fixe du regard comme un prédateur prêt à bondir sur sa proie. Il me fait penser à un lézard dans son costume vert foncé. Je ne sais pas pourquoi, mais je n'aime pas ce mec ! Il me dégoûte !

Il raccroche son téléphone d'un coup sec, se frotte le menton un instant.

— OK, allons-y, on va passer dans mon bureau. Fermez la porte derrière vous, nous allons devoir parler.

À peine arrivé, il se laisse tomber sur son siège. Je le suis et en fermant la porte derrière moi, je vois Patricia fermer les yeux et soupirer avant de se rasseoir.

**NOTE : Les mensonges**

Nous mentons tous, pour diverses raisons. L'une d'elles est de protéger quelqu'un, ce que fait Patricia dans le cas présent. Nous utilisons divers artifices pour faire croire nos mensonges aux autres. Certains éléments peuvent indiquer à notre interlocuteur que nous sommes en train de mentir : exagérations, hésitations, incohérences... Le dégoût ressenti par Quentin est lié à sa perception et à ses valeurs. Ces composants nous permettent d'évaluer l'environnement et les autres à partir de notre carte du monde. Celle-ci est déterminée en partie par notre expérience, notre éducation, notre culture. Elle est à l'origine des préjugés.

— Bon, on va faire les choses simplement, car je suis quelqu'un de très simple et de très direct. Ici, tout le monde se tutoie. Noetramus est une société dans laquelle il y a une bonne ambiance et où on aime les rapports simples. Donc, je te propose de m'appeler par mon prénom et je t'appelle par le tien. Je suis Jean-Noël et toi, c'est bien Quentin ?
Il me regarde de nouveau fixement en attendant une réponse.

— Euuh, oui, c'est bien ça, Quentin... euuuh, oui, on peut se tutoyer, bien sûr. C'est... c'est plus cool !
Ma voix est tremblante et j'ai l'impression que le mot *cool* sonne faux.

— Parfait ! Il n'y a rien de mieux pour de bonnes relations de travail qu'une communication simple. Ça simplifie les choses et au moins on peut se dire ce que l'on pense sans tourner autour du pot !

— Oui, oui, c'est vrai.
Mes mains sont moites. Je ne suis pas à l'aise avec lui. En plus, il sent mauvais. Son odeur me rend malade. J'avais remarqué son odeur de transpiration, mais cette fois elle est mélangée à une odeur de tabac froid. C'est insupportable ! Bon, un peu de courage, je vais m'y habituer !

— Voilà comment cela va se passer : je vais te présenter ce que tu dois savoir sur l'entreprise, qui fait quoi, ce que nous vendons et les solutions que nous proposons à nos clients. Ensuite, il y a les procédures à respecter et les outils à utiliser O-BLI-GA-TOI-RE-MENT !

Il a fortement insisté sur le côté obligatoire des outils. Il faudra que je m'en souvienne.

— Je vais aussi te présenter tes nouveaux collègues ainsi que Damien Brontesart, le dirigeant de la société. Tu ne l'as pas encore rencontré, car il est rarement ici. Il est souvent en déplacement, car il est à la tête de plusieurs sociétés. Je suis donc le manager responsable de l'agence durant ses absences.

J'y vois un peu plus clair : Jean-Noël est un petit chef frustré qui doit subir les caprices d'un directeur. Et comme il est mal dans sa peau, il fait souffrir Patricia.

— Nous mangerons ensemble ce midi et tu démarres ta formation dès cet après-midi. Puisque tu vas devoir vendre nos solutions, il est important que tu vois comment on vend. J'ai un rendez-vous avec un prospect à 14 heures. Nous irons ensemble et tu seras avec moi en tant qu'observateur. Tu pourras ensuite me poser toutes les questions que tu veux, ça te va ?

Il s'arrête de parler et me fixe de nouveau avec ses yeux globuleux et ses paupières tombantes. Je n'avais pas remarqué qu'il avait d'aussi grandes poches sous les yeux.

— Eeuuh, oui, oui, ça me va. C'est bien...
Les mots ne sortent pas de ma bouche et se bousculent dans ma tête. J'ai aussi très chaud, mes jambes tremblent et mes mains sont moites. C'est sûrement le stress.

Tout ce qu'il vient de me dire me semble logique. C'est toujours ainsi quand on arrive dans une nouvelle société. Il faut un peu de temps pour découvrir son fonctionnement, il faut rencontrer les collègues et passer par une phase d'apprentissage. Il a parlé de formation, ce point m'intéresse beaucoup. Je me demande ce qu'il a voulu dire par là. Il m'a informé que je vais aller chez un client avec lui cet après-midi. C'est bien. Au moins, je verrai si ce boulot me plaît et si je suis capable de vendre leurs produits. Il parle aussi de solutions et pas seulement de produits. Là aussi, il va falloir que j'en sache un peu plus. Si pour lui, vendre un ordinateur et un logiciel, c'est vendre une solution, je sais le faire. Par contre, si le produit est plus complexe, cela risque d'être plus compliqué de convaincre l'acheteur. Je verrai bien tout à l'heure. Après tout, je suis là pour apprendre !

— Allez, suis-moi, je vais te présenter à l'équipe.
Il sort du bureau et se précipite dans celui d'en face, en continuant à parler, sans même s'assurer que je l'entends.

— Tout le monde est là aujourd'hui, comme tous les lundis matin. C'est important d'être présent le lundi matin. Nous en profitons pour faire des réunions et pour préparer la semaine à venir. C'est aussi le seul jour où Damien Brontesart passe à l'agence. Il n'y aura pas de réunion aujourd'hui, car je veux être totalement disponible pour ta formation. Il faudra que tu sois très vite opérationnel. Donc on n'a pas de temps à perdre.

Cet autre bureau est plus grand que celui du manager et de son assistante. Il est sobre et la décoration très sommaire. La peinture défraîchie d'un jaune pâle peu accueillant est cachée par endroits par quelques armoires. Le seul poster au mur a été offert par un fabricant de matériel informatique. Il vante les mérites d'un nouvel ordinateur sorti quelques années plus tôt… *Déjà périmé et bon à jeter !* Cette pensée m'a traversé l'esprit en un éclair. Mon passé de technicien refait instantanément surface. Une déformation professionnelle qui m'a souvent poussé à remplacer du matériel neuf à peine obsolète par du matériel encore plus neuf, et qui sera à son tour dépassé dans quelques mois.
Quatre bureaux sont placés aux quatre coins de la pièce. Les deux bureaux près des fenêtres sont occupés par des commerciaux. Costume noir et chemise blanche pour l'homme, tailleur de la même couleur pour la femme, ils ont la classe !

— Bonjour !
Il les salue et se tourne vers moi.
— Voici Anne et Serge, nos deux vendeurs.

On se serre la main, en s'adressant mutuellement des sourires de politesse. Rien de plus classique, cela se produit dans toutes les situations professionnelles similaires. J'ai tout de suite reconnu Serge, c'est le grand mince que j'ai croisé mardi dernier à l'entrée quand je suis venu passer mon entretien.

**NOTE : Territoire et culture**

Dans toutes les sociétés, les individus se saluent et se souhaitent la bienvenue. Dans nos pays occidentaux, nous utilisons la poignée de main. Dans d'autres cultures, il pourra s'agir d'accolades ou de brefs touchers des doigts. Ce geste culturel est variable d'une société à l'autre. La culture détermine aussi l'attitude à adopter et le respect du territoire. Notre territoire s'arrête là où commence celui des autres. Le dominant aura toujours un territoire plus important que les dominés. Dans une entreprise, les managers disposent généralement d'un territoire plus grand que les collaborateurs. Comme dans toutes les tribus, le directeur de l'entreprise a un territoire plus grand et des privilèges supplémentaires.

— Quentin est votre nouveau collègue. C'est un bon vendeur ! Il travaillera le secteur du centre-ville ainsi que la partie ouest qui n'est pas prospectée. Donc, Quentin démarre aujourd'hui et il sera en formation avec moi toute la journée. Je compte sur vous deux pour l'aider à démarrer et à utiliser la base informatique. Il faudra aussi qu'il aille en rendez-vous avec vous. Vous devez lui montrer comment vendre. Aidez-le à démarrer et il vous aidera aussi par la suite. Quentin est bon en technique, c'est un avantage. Je compte sur vous pour lui apporter les armes pour bien vendre nos solutions. C'est clair ?

En bons élèves, les deux commerciaux écoutent leur chef en acquiesçant de la tête. Bien que plus jeunes que moi, ils semblent compétents. Leur manager va me former une seule journée et ensuite il leur passe le relais. Ils seront donc chargés d'assurer ma formation. Ce qui veut dire qu'ils connaissent bien leur métier. Cela dit, il n'y a que deux commerciaux pour faire tourner la boîte. Ils gagnent donc suffisamment d'affaires pour remplir tous les objectifs, et donc payer tous les salaires et les frais. C'est qu'ils doivent être bons. On verra bien ! Encore une incertitude de plus dans mon esprit. Je me pose peut-être trop de questions.

— Choisis le bureau que tu veux parmi les deux bureaux libres. Ensuite, tu verras avec Patricia pour qu'elle te fournisse le matériel nécessaire pour travailler. Un ordinateur te sera installé et configuré avec ton accès sur le réseau dès cet après-midi. Tu auras aussi une adresse. Tu recevras des cartes de visite, avec ton nom, dès la fin de ta période d'essai. En attendant, tu peux utiliser des cartes neutres de la société. Tu peux écrire ton nom et ton numéro de téléphone à la main. On est tous passés par là... mais un mois passe très vite ! Bon, on continue !

Deux secondes plus tard, je marche dans le couloir, derrière mon nouveau manager, en direction d'un autre bureau. Après avoir évité plusieurs cartons posés sur le sol et une demi-palette de composants informatiques, nous nous retrouvons dans un bureau poussiéreux et encombré : l'immense bureau des techniciens. Il s'agit d'une grande pièce aménagée dans ce qui devait être un ancien garage. De toute évidence, aucun client ne vient jamais ici. Une partie de ce local sert de stockage de matériel informatique, une autre partie est utilisée comme banc de montage et de dépannage d'ordinateurs et une troisième partie est dédiée au travail de bureau. Sûrement de la programmation ou quelque chose de ce genre... C'est d'ailleurs vers cette partie du bureau que Jean-Noël Delatombe se dirige. Il marche vite, mais ne dit rien. Le bureau est vide. Les ordinateurs fonctionnent, des applications sont affichées sur les écrans, mais pas une âme en vue.

— Encore sûrement à la machine à café !
Il pousse un grognement avant de s'enfoncer dans les couloirs

Trois allées plus loin se trouve le Saint Graal de tout travailleur sous pression : le distributeur automatique de café.

— Ahh, vous êtes là ! Bonjour à tous ! Je vous présente Quentin, notre nouveau commercial.

Une fois les présentations faites, nous allons dans d'autres bureaux dans lesquels j'ai rencontré le comptable, une autre assistante et l'hôtesse d'accueil. Impossible de me rappeler de tous les prénoms. C'est normal, c'est toujours ainsi quand on arrive dans une nouvelle entreprise...
Le tour des bureaux terminé, nous retournons dans le bureau du manager. Il me présente l'entreprise et son positionnement sur le marché, ainsi que ses principales forces et faiblesses. Il me parle aussi des procédures à respecter et de l'importance de bien utiliser les outils informatiques.

**<u>NOTE</u> : Le rôle de la machine à café**

La machine à café est souvent le point de rencontre de presque tous les collaborateurs d'une entreprise. Elle est aussi utile qu'une oasis au milieu du désert. Mais elle joue aussi un rôle dans les relations humaines et la communication.
Prendre une pause consiste à relâcher une partie de son attention. La spontanéité et la communication informelle peuvent reprendre (presque) librement. Identifiée comme un lieu de détente, la machine à café joue un rôle de catalyseur de l'information. Les langues se délient, les collaborateurs se sentent plus libres d'exprimer ce qu'ils pensent. C'est donc un lieu de vie, à privilégier pour connaître les derniers potins de l'entreprise. Pour les managers, une pause à la machine à café peut parfois remplacer une bonne réunion !

11 h 37. Il parle vite, trop vite. Il y a trop d'informations à assimiler. J'ai besoin d'une pause, je n'arrive pas à tout retenir. Je me souviens du prénom de son assistante : « Patricia ». Je me souviens également du poster au mur du bureau des vendeurs et aussi de la machine à café. Je me souviens également de mon

arrivée ce matin et du stress dû au retard. J'ai le souvenir d'avoir croisé une jolie assistante, mais j'ai oublié son nom. Je n'ai pas tout retenu. C'est une catastrophe, ma mémoire est mauvaise. Zut, ce n'est pas le moment de craquer... Et puis, l'odeur du manager qui colle maintenant à mes vêtements. Je comprends maintenant ce que ressent un arbre qui subit l'arrosage quotidien des chiens du quartier. J'ai faim, j'ai horriblement faim !

12 h 32.

— Quentin, on arrête là pour l'instant. Tu vas aller manger avec les autres dans un petit resto en bas de la rue. Cela vous permettra de faire connaissance. Je ne vous accompagne pas, je dois faire une course. Je te rejoins ici à 13 h 30 et on partira ensemble au rendez-vous. À tout à l'heure. Bon appétit !

**NOTE : Faire des pauses**

L'homme n'est pas une machine et il n'est pas capable de travailler efficacement plusieurs heures d'affilée sans faire de pause. Toutes les études sur la productivité et l'optimisation des ressources démontrent que nous sommes obligés de faire des coupures. La pause est un besoin naturel permettant de se ressourcer. Cela contribue à diminuer les risques d'erreurs dans les tâches ainsi que les risques psychosociaux.
Le flux d'informations est un élément important à prendre en compte lors de nos échanges avec les autres. Amener trop d'informations à quelqu'un est nocif et contre-productif.

Quelques collègues attendent un retardataire sur le parking de la société. Je me joins à eux timidement. Dix minutes plus tard, et les nez gelés, nous sommes assis à une table de la brasserie.

13 h 29. Jean-Noël Delatombe fait les cent pas devant l'entrée principale de la société, l'oreille droite collée à son téléphone portable. Une fois arrivé dans son champ de vision, il me regarde fixement, fait « oui » de la tête et raccroche son téléphone d'un coup sec du pouce. C'est la deuxième fois que je le vois raccrocher ainsi son téléphone portable. Il ne semble pas

entretenir de bons rapports avec son correspondant...

— Bon, on y va ? Je t'attendais !

Il démarre au pas de course pour se rendre à sa voiture. Cette dernière ressemble à son bureau. C'est un peu comme si la personne chargée de son entretien avait déversé une poubelle du côté passager. Il y a de vieux papiers gras, des notes et Post-it en vrac sur le siège et sur le sol. Une odeur âcre envahit l'habitacle.

— Désolé pour le bordel, ma voiture est un peu comme mon second bureau. Assieds-toi et mets tes pieds sur les papiers, ce n'est pas grave, il n'y a rien d'important.

S'il n'y a rien d'important, pourquoi ne les jette-t-il pas ? Je ne comprendrai jamais les gens comme lui qui vivent dans le désordre et la crasse. Sur la route, il parle de lui et de son aversion pour les bouchons et les mauvais conducteurs. En fait, il est plutôt sympa derrière son caractère de cochon.

**NOTE : L'image de l'entreprise**

Voitures et bureaux doivent être propres et rangés. Le commercial représente son entreprise et l'image qu'il véhicule est celle de l'entreprise. Ils doivent donc être impeccables, autant que le sont ses outils de travail.

13 h 59. Nous voilà arrivés chez le client. C'est maintenant que je vais voir ce qu'il vend et comment il s'y prend. J'ai hâte, mais j'ai aussi un peu d'appréhension.

— Quel est le profil de ce client ?
Mince ! On va chez un client, et je ne sais même pas ce qu'il fait.

— Ce n'est pas un client, mais un prospect. Il ne nous connaît pas, et nous ne le connaissons pas non plus. Il deviendra un client quand nous aurons signé une première affaire ensemble. Mais pour cela, il faut le rencontrer et le convaincre de travailler

avec nous.
Sa réponse est claire et précise.

— Et que va-t-on lui vendre ?
Il me regarde fixement pendant deux secondes au-dessus de ses lunettes, avant de répondre d'une voix de vieux maître d'école qui a envie d'épater ses élèves.

— Tout ce que nous pourrons, un maximum de choses, mais toujours une solution sur-mesure qui répondra à ses besoins précis. Tu vois, le principal n'est pas de vendre un congélateur à un Esquimau, mais de le satisfaire en lui proposant une solution adaptée à ses besoins. Ainsi, il sera content et deviendra un client fidèle qui t'achètera encore plus la prochaine fois. C'est ça qu'on fait chez Noetramus. On fait beaucoup de marge avec des clients contents.

Cette fois, il a touché un point sensible de ma curiosité. Je suis curieux de voir comment il va s'y prendre. Quelques secondes plus tard, nous sommes dans le hall d'entrée de la société. Jean-Noël se présente à l'entrée et demande à parler à un *Monsieur quelque chose*, un nom d'origine polonaise que je n'ai pas compris. En précisant à l'hôtesse d'accueil qu'il s'agit du gérant de la société. Après moins de cinq minutes d'attente, nous arrivons dans le bureau du chef d'entreprise, conduits par une assistante très charmante, qui nous quitte immédiatement. Dommage !

À peine entré dans le bureau, mon manager sourit et prend la parole :
— Bonjour ! Je suis content de vous rencontrer, Monsieur Jedrzejczyk.

Le prospect sourit et moi, je n'ai toujours pas compris son nom. Tant pis, ce n'est pas grave. Je souris à mon tour et nous nous serrons la main. L'échange est cordial et amical.

Jean-Noël enchaîne immédiatement en utilisant une voix agréable, tout en faisant varier les intonations vocales.

— Ainsi que nous en avons parlé par téléphone il y a quelques jours, je me suis permis de vous contacter dans le cadre d'une nouvelle offre en sécurité informatique que nous proposons aux PME comme la vôtre.

Sa voix est nettement plus douce que plus tôt dans la journée. Elle est aussi fortement modulée. Il joue sur la vitesse et les fluctuations vocales. On dirait qu'il roucoule comme un pigeon faisant la cour à une femelle par une belle journée de printemps. Le prospect continue à le regarder en faisant « oui » de la tête. De toute évidence, il se souvient de cet entretien téléphonique. Il nous fait signe de nous asseoir, en désignant les deux sièges placés devant son bureau.

**NOTE : La phase d'introduction**

Il est important de ne jamais écorcher le nom de famille d'un prospect ou d'un client. Cela pourrait créer des émotions négatives. Évitez autant que possible de le mettre dans de mauvaises dispositions dès le départ ! Si le nom est difficile à retenir, entraînez-vous à le prononcer correctement avant le rendez-vous.

La phrase d'introduction de Jean-Noël est claire et précise. Elle est étudiée pour mettre l'interlocuteur en confiance.

— Il rappelle le contact qu'ils ont eu par téléphone ;

— Il mentionne le fait qu'il a contacté personnellement le client (joue sur le côté relationnel) ;

— Il attise la curiosité du prospect en parlant d'une nouvelle offre ;

— Il utilise le mot *sécurité informatique*, qui est un terme cher à de nombreux chefs d'entreprises pouvant être inquiets par la fuite des données ;

— Il mentionne que son offre est adaptée aux PME *comme la vôtre*, ce qui devrait rassurer le client sur le fait que l'offre correspondra à ses besoins (ce n'est pas une grande entreprise et le commercial le sait).

— Monsieur Jedrzejczyk, je vous présente Quentin Buriant qui vient de rejoindre notre société, au poste de responsable de secteur. Il est possible que vous ayez des contacts avec Quentin à l'avenir. C'est la raison pour laquelle nous avons souhaité vous rencontrer ensemble.

L'attention du prospect se porte alors sur moi, et mon manager me regarde en souriant. Il a dit que j'étais responsable de secteur. C'est plus sympa que commercial.

— Quentin suit actuellement une formation à nos produits. Dans très peu de temps, il pourra répondre à toutes vos questions.

Ouf, il a précisé que je suis en formation ! Le prospect devrait donc éviter de me poser des questions pendant l'entretien.

**NOTE : Formation des collaborateurs**

Si vous accompagnez un nouveau collègue en formation, il peut être intéressant de préciser qu'il vient de rejoindre la société. Cela permettra d'informer le prospect / client de la raison de la présence de cette seconde personne, tout en mentionnant qu'il est inutile de lui poser des questions. Cela évitera de mettre votre nouveau collègue mal à l'aise. N'étant pas complètement formé à vos produits ou techniques de vente, il pourrait aussi amener une information gênante pouvant nuire à la vente. Ne prenez donc pas de risque : une bonne information dès le départ vaut mieux qu'une tentative de rattrapage par la suite.

Tiens, il n'a plus cette haleine fétide de tabac froid et il ne sent plus la transpiration comme ce matin. Maintenant, il sent plutôt l'eau de Cologne de mauvaise qualité, comme on peut en acheter au marché. Il est donc rentré chez lui prendre une douche.

**NOTE : Hygiène**

Dans nos sociétés modernes, nous sommes très sensibles aux odeurs. Une bonne odeur nous ravit et peut nous influencer positivement dans nos envies et nos choix. Une odeur que nous percevons comme désagréable provoquera des émotions négatives, dont le dégoût. Lorsque nous percevons une odeur corporelle forte, nous avons souvent tendance à ressentir une répulsion. Par exemple, l'odeur du mâle qui marque son territoire pourra repousser un autre mâle, ou créer un sentiment négatif envers lui, alors que cette même odeur pourrait attirer une femelle de la même espèce. Avant d'être des hommes, nous sommes avant tout des mammifères, et nous sommes sensibles aux odeurs.
Le stress peut provoquer une sudation excessive, parfois exceptionnellement odorante. Souvenez-vous, quand le manager est arrivé le matin vers 9 h 30, il semblait énervé. Il est possible que les bouchons du matin ou une autre source de stress aient provoqué cette réaction physiologique.

À éviter : les *mauvaises odeurs* sont les odeurs corporelles fortes, telles que la transpiration, les odeurs de tabac, ainsi que les odeurs de cuisine transportées par les habits ; ou les parfums trop forts, surtout de mauvaise qualité.

À privilégier : une hygiène corporelle parfaite et un parfum léger à peine perceptible.

Astuce : mâcher un chewing-gum à la menthe quelques minutes avant d'arriver chez le client.

Mon manager continue à parler :

— Je me demandais une chose : vous êtes la seule société dans ce bâtiment ou il y en a d'autres ?

Bizarre, cette question... pourquoi demande-t-il cela ?

— Non, il y a plusieurs entreprises, dont une société de nettoyage, un cabinet comptable et une petite société qui vend des produits sur Internet. Nous partageons les locaux, et notamment une grande salle de réunion.
Il a répondu sur un ton décontracté.

— C'est bien ce qui me semblait en arrivant, le bâtiment me paraissait grand. Au téléphone, vous m'avez dit que vous avez 12 collaborateurs, c'est bien cela ?

Jean-Noël vient de dégainer les premières questions. J'imagine qu'il va en poser plein à partir de maintenant. C'est nécessaire de faire parler le client pour savoir ce qu'on peut lui vendre. Tous les commerciaux savent cela. C'est une technique que j'utilisais déjà quand je vendais des meubles. Là, je n'apprends rien !

— Oui, nous sommes 14 avec moi. Il y a 7 salariés, 6 stagiaires, donc une rotation de personnel en permanence, et moi-même pour gérer tout cela.

La moitié des effectifs de cette société est composée de stagiaires. Cela veut dire qu'il exploite des jeunes dans le but de faire des économies. C'est donc un dirigeant radin. Encore un qui trouve sûrement tout trop cher. Je parie que l'on va perdre notre temps avec lui.

— C'est déjà une jolie petite équipe. Vous êtes le gérant de cette société ?

— Oui, tout à fait !
Le gérant prend un air sérieux, en nous regardant de haut.

— Vous êtes le seul décisionnaire ou vous gérez la société en cogérance, donc avec d'autres personnes ?

Pourquoi veut-il savoir cela ? À quoi sert cette question ? Il devrait plutôt lui poser des questions sur ce que le client veut.

— Oui, je suis le seul à décider de tout !

La réponse semble lui faire plaisir.

— Puisque nous sommes au complet, je vous propose de démarrer sans plus tarder.
Le prospect acquiesce de la tête, avec un petit sourire en coin. Il semble habitué à recevoir des vendeurs. Je me demande comment mon super manager va s'en sortir...

— Tout d'abord, vous avez bien une heure à nous accorder ?
La phrase est sortie de la bouche de mon manager comme une balle du canon d'un fusil. Il était décontracté, mais directif. Il maintient le regard du chef d'entreprise en faisant « oui » de la tête.

Celui-ci fait ce geste à son tour et répond sur un ton affirmé :
— oui, bien sûr.

— Très bien ! ....aaah, au fait, quand nous nous sommes parlé au téléphone, je vous ai demandé de préparer quelques documents relatifs à votre matériel informatique et téléphonique, c'est-à-dire des plans et des factures de consommation téléphonique. Les avez-vous avec vous ? Nous en aurons besoin tout à l'heure pour analyser votre utilisation.

— Oui, je les ai là, dans le dossier.
Il a toujours ce petit sourire en coin.

**<u>NOTE</u> : Les clés de décision**

**<u>Le décisionnaire</u>**

Dans une négociation ou un processus de vente, il est nécessaire de connaître le rôle de l'interlocuteur avant de démarrer la réunion ou l'entretien. S'assurer que l'on se trouve en présence de la bonne personne permet de gagner du temps et de remporter des ventes. Si le vendeur s'entretient avec un assistant ou un stagiaire, il risque de ne pas obtenir les bonnes réponses à ses questions. De plus, si la personne n'est

pas capable de prendre une décision d'achat, cela pourrait conduire la vente à l'échec.
Dans le cas où la société serait gérée par deux personnes ou plus (cogérance), il est important de s'adresser aux bons interlocuteurs, c'est-à-dire ceux qui sont autorisés à prendre une décision.
Les PME et TPE présentent un avantage considérable pour de nombreux vendeurs : le circuit de décision est beaucoup plus court et plus rapide que dans les grandes entreprises. Il est aussi possible de rencontrer les dirigeants, ceux qui ont un pouvoir de décision.

**Le timing**

Le vendeur expérimenté sait qu'il a besoin d'un minimum de temps pour rassurer le prospect, collecter des informations clés et lui faire une proposition de solution sur mesure. En France, les rendez-vous de ce type se déroulent la plupart du temps sur des périodes d'une heure. Dans certains cas, une demi-heure ou trois quarts d'heure sont suffisants ; dans d'autres, le rendez-vous pourra durer plus longtemps. Il ne dépassera généralement pas deux heures. Plus la durée est importante et plus vous risquez de créer des émotions négatives. Celles-ci apparaissent avec la fatigue, l'immobilité (position assise ou debout, en fonction de l'endroit où vous rencontrez votre client), la hausse ou la baisse de température...
Essayez toujours de respecter le timing convenu avec vos prospects ou clients avant l'entretien, car il est possible que d'autres rendez-vous soient prévus après vous.

**Les documents relatifs au matériel ou à l'installation**

À moins que votre prospect soit une jeune société en phase de création, il ne vous a pas attendu pour s'équiper. Cela est surtout valable si vous vendez des produits relativement standards tels que la société Noetramus. Aujourd'hui, presque toutes les sociétés disposent d'un parc informatique, d'un photocopieur, de téléphones... Ce sera relativement rare que le

vendeur soit amené à équiper une entreprise sans tenir compte de l'existant. Il doit aussi connaître les coûts de son prospect sur les postes concernés. Cela permettra d'avoir une idée précise de ce qu'il paie actuellement, et donc de ce qu'il sera prêt à payer pour une nouvelle solution. Les plans d'une installation existante (ici, il s'agit d'informatique et de réseau téléphonique, mais cela pourrait être autre chose) indiqueront précisément au vendeur les éléments clés. Cela lui permettra de faire un bilan précis sans oublier d'inclure des particularités propres à ce client.
Toutes les entreprises sont différentes, elles ont des besoins réels dans le cadre de leurs activités. Une partie des équipements sont justifiés (matériel et solutions). Par contre, chaque entreprise évolue. Ses moyens humains et matériels suivent cette évolution. Avec le temps, certains matériels et solutions deviennent obsolètes et peu utiles. L'une des forces du vendeur sera de faire un bilan de la situation le jour de l'entretien. Les factures de consommations, les contrats de maintenance et autres contrats en relation avec l'installation ou la solution indiqueront au vendeur les postes clés sur lesquels il pourra faire des économies, en remplaçant les éléments obsolètes par des éléments clés plus séduisants, pour le client.

— Je vais vous présenter Noetramus. Vous saurez ainsi qui nous sommes et ce que nous faisons. Ensuite, je vous passerai la parole...
Jean-Noël s'interrompt, car le prospect le coupe dans son élan.

— Nous pouvons aussi faire l'inverse, je peux vous parler de notre société directement, cela nous permettra de gagner de temps.

— Nous avons une activité assez large : nous intervenons dans différents domaines, c'est pourquoi je pense qu'il est préférable que vous ayez une vision globale de nos champs d'expertise. Cela nous permettra de gagner du temps par la suite. D'autre part, je tiens à vous rassurer sur le fait que je garde un œil sur ma montre et que nous ne vous retiendrons pas plus longtemps que prévu. Nous terminerons à 15 heures précises. Mon chef a prononcé ces mots sur un ton rassurant, la voix basse et le regard amical. Le prospect fait un signe de la tête en marque d'accord.

**NOTE : La gestion du temps**

De plus en plus de chefs d'entreprises sont sensibilisés à la gestion du temps. Les rendez-vous avec les commerciaux sont chronophages. Ils peuvent être tentés de les raccourcir, de manière à gagner du temps. D'autre part, les chefs d'entreprises et les acheteurs sont de plus en plus formés aux techniques de vente. Ils ont conscience que les vendeurs imposent leur rythme et dirigent les rendez-vous commerciaux. Une technique d'achat consiste à perturber l'ordre logique du rendez-vous. Le vendeur perd alors ses repères, ce qui peut contribuer à faire baisser ses capacités de négociation, et le fragiliser.
L'ordre imposé par le manager est motivé par le besoin de rassurer le client. Lorsque le client rencontre le vendeur, il peut ressentir certaines craintes liées à l'incertitude du rendez-vous : vais-je perdre mon temps ? Et si je me faisais arnaquer ? Je ne vais peut-être pas avoir un bon contact avec la personne que je vais rencontrer.
Ces questions et réflexions internes sont inconscientes. Elles se produisent dans l'esprit d'un prospect ou client avant chaque entretien, surtout si c'est la première fois qu'il rencontre la personne. Il est donc important de se présenter avant le client, de façon à le rassurer. Cela contribue à établir un lien de confiance entre les deux sociétés et les intervenants.

— Je vais être bref, mais assez complet, de manière à ce que vous ayez une vue d'ensemble claire et concise de Noetramus. Nous sommes une société de service en informatique, bureautique et téléphonie. Nous sommes implantés dans le nord de la France et en Belgique. Nous avons deux bureaux, dont un à quelques kilomètres de chez vous. Nous employons du personnel local uniquement, nous ne délocalisons pas. Nous travaillons avec les plus grandes marques de matériel informatique et bureautique ; toutes nos solutions bénéficient d'un contrat de maintenance sur site. Nous sommes constamment à la recherche de nouvelles solutions performantes pour répondre au mieux aux besoins de nos clients. Nous avons vraiment la vocation d'apporter des solutions de qualité et de fiabilité à nos clients...

Bla-bla-bla... il raconte au client la même chose qu'il m'a dit ce matin. J'ai l'impression qu'il connaît son speech par cœur et qu'il le récite. Il a posé la plaquette de l'entreprise sur la table, il montre des éléments en même temps qu'il parle, exactement comme ce matin ! Le gérant semble adhérer à cette présentation. Il écoute et fait encore « oui » de la tête. Il me rappelle le petit bonhomme en mousse que j'avais collé sur le tableau de bord de ma voiture. Son cou était un ressort et la moindre vibration de la voiture provoquait un mouvement de la tête.

— Donc, vous pouvez être rassuré sur le fait que nous apportons des solutions sur mesure et fiables, toujours garanties, avec une maintenance sur site très réactive.

La phrase de conclusion de la présentation est arrivée pile au début de la quatrième minute de présentation.

Le prospect sourit légèrement et semble surpris.
— Il faut être organisé pour gérer un tel fonctionnement.

— Il faut s'entourer des bonnes personnes. C'est aussi mon métier de recruter les meilleurs collaborateurs.
Mon chef se tourne vers moi en souriant. Sa présentation a fait un bel effet sur le prospect.
— J'ai assez parlé, je vais vous laisser la parole, car c'est bien pour votre entreprise que nous sommes ici aujourd'hui.
Il enchaîne.
— Quelle est votre activité exactement ? Comment êtes-vous organisés ?

— Comme vous le voyez, nous sommes un atelier PAO, c'est-à-dire que nous travaillons dans la chaîne graphique. Notre

premier métier était la création de logos. Aujourd'hui, nous produisons des graphiques pour tous les professionnels, de la grande entreprise à l'artisan. Nous avons même des clients dans le monde du jeu vidéo, et ceux-là, ce sont des clients exigeants ! Donc, nous avons beaucoup de matériels informatique et graphique. L'ensemble du réseau informatique a été remplacé il y a un an et demi. Autant vous dire tout de suite que vous ne pourrez rien vendre chez nous de ce côté-là.
Il termine sa phrase en rigolant.

Jean-Noël écoute attentivement et prend des notes. Il écrit plein de choses sur un bloc de feuilles. Impossible de lire, il écrit vraiment trop petit.

— Vous utilisez du matériel d'impression ? Photocopieurs, imprimantes, peut-être des scanners... ?

— Oui, tout à fait. Nous avons remplacé le copieur il y a moins de 6 mois et les imprimantes ont été supprimées. Nous imprimons tout sur le copieur.

Mon manager continue de noter, sans regarder le client.
— Vous avez choisi quelle marque ?

— La marque n'a plus d'importance aujourd'hui, tous les copieurs se valent. Nous imprimons seulement des épreuves ici. Les travaux d'impression sont réalisés par les imprimeurs des clients, ou alors les graphiques sont destinés à un affichage sur écran. Nous avons donc choisi le moins cher dans la gamme qui nous intéressait. J'ai mis les vendeurs en concurrence et nous avons choisi en fonction des offres.

Mon manager écoute et note. Il réfléchit un court instant avant d'émettre un raclement de la gorge et de réagir.
— Vous savez maintenant que nous travaillons avec les plus grandes marques. Mettez-nous en concurrence la prochaine fois et nous verrons ensemble quelle offre intéressante nous pourrons vous apporter.
Son air sérieux et concerné le rend très convaincant.

Joli rebond ! Je me mets à la place du client, je pense que cela me rassurerait. Par contre, ce n'est pas comme cela qu'il vendra quelque chose aujourd'hui. Pour l'instant, il a mis deux coups dans l'eau.

— En arrivant, j'ai remarqué votre téléphone ainsi que le standard de l'hôtesse d'accueil. C'est une installation qui a déjà quelques années, non ?

— Oui, effectivement. Mais vous savez, on n'utilise pas beaucoup le téléphone. De plus, chaque entreprise étant indépendante, nous n'avons rien à voir avec le standard téléphonique de l'ensemble du bâtiment.

Et paf ! Encore un coup dans l'eau. Je parie qu'il va rentrer bredouille à l'agence ! Pas très convaincante, sa méthode de vente...

— Bien sûr, c'est classique pour une activité comme la vôtre. Vous avez une activité de production avant tout. Vous n'êtes pas un centre d'appel.

Mais qu'est-ce qu'il raconte ?!! Il n'a vraiment pas envie de vendre ses téléphones. Il est nul ou complètement con !

— Oui, oui, c'est bien cela. Personnellement, je passe pas mal de temps au téléphone, car je suis le seul à avoir une activité commerciale. C'est d'ailleurs plutôt des relations avec mes partenaires. Je dois faire tourner la boîte ! Par contre, en ce qui concerne le reste de l'équipe, ils utilisent très peu le téléphone. Ils envoient surtout des e-mails. Cela permet de garder des traces des communications.

Ouh là là, c'est une réponse à décourager n'importe quel commercial ! C'est clair qu'à sa place, j'aurais envie de partir. Il n'y a rien à vendre ici.

— Monsieur Jedrzejczyk, je vois tout à fait ce que vous faites. Votre mode de fonctionnement est similaire à celui

d'autres clients que nous accompagnons depuis des années. J'aimerais voir les documents de l'installation téléphonique ainsi que vos factures de consommation et de maintenance. Cela me permettra de connaître les postes clés et d'analyser les points sur lesquels nous pourrions vous faire faire des économies.
Il montre les documents de sa main droite. Sa voix est rassurante, il est toujours souriant.

Il n'abandonne pas ! Le gérant lui a pourtant dit qu'à part lui, les autres n'utilisent presque pas le téléphone. Il espère encore lui faire faire des économies. Il va vendre quoi ? Une carte de téléphone pour appeler d'une cabine ? Ça devient ridicule... c'est une perte de temps... En plus, il fait chaud dans ce bureau. Je porte encore mon manteau au-dessus de ma veste. Ma cravate me serre le cou. Les derniers mois passés chez moi m'ont fait perdre l'habitude de ressentir cette sensation. Il va bien falloir m'y faire… Les bruits de papiers et les mouvements des deux hommes me sortent de mes pensées.

— OK, je vois bien. C'est bien ce que je pensais. Votre standard téléphonique est indépendant du serveur du bâtiment. Donc, votre installation vous appartient. Alors, vous avez un central téléphonique, un poste principal, un, deux, trois, *na, na, la, la, la*, okay... dix téléphones fixes.
Il marmonne à voix haute en suivant le schéma de l'installation téléphonique du doigt.
— Ensuite, une alarme, branchée sur une ligne téléphonique indépendante...

Il continue ainsi à répertorier le matériel et les options pendant deux minutes, avant d'enchaîner sur une série de questions portant sur l'activité quotidienne des collaborateurs. Les questions ouvertes sont d'abord larges, avant de devenir de plus en plus précises. Il obtient de nombreuses réponses qu'il note scrupuleusement sur son cahier. Qui fait quoi, quand, comment, les responsabilités des uns et des autres, etc. Je ne pensais pas qu'il aurait été possible de poser autant de questions à un chef d'entreprise, et que celui-ci y réponde aussi ouvertement.

**NOTE : Questionnement**

**Les questions ouvertes**

Une question ouverte est posée de telle sorte que la personne interrogée apporte une réponse la plus complète possible.
Les mots clés suivants doivent vous permettre de faire parler votre interlocuteur.

Qui ? (À qui ? Pour qui ?)
— *À qui est destiné ce téléphone ?*

Quoi ? (Pour quoi ? À quoi ? Qu'est-ce que ?)
— *À quoi cela sert-il ?*

Où ? (Pour où ?)
— *À quel endroit souhaiteriez-vous installer le nouveau matériel ?*
— *Avez-vous plusieurs sites de production* ?

Quand ? (Pour quand ?)
— *À quel moment votre contrat arrive-t-il à échéance ?*

Comment ?
— *Comment souhaitez-vous réorganiser vos bureaux ?*

Pourquoi ?
— *Pourquoi envisagez-vous de choisir cette solution ?*

Cette question est très intéressante, car elle permet de mettre le doigt sur les préjugés du client ou d'identifier une offre concurrente. Il est possible que votre prospect ait rencontré un commercial qui lui a proposé une solution différente de la vôtre. Votre proposition pourrait ne pas être en adéquation avec la perception du prospect quand vous le rencontrez, celui-ci étant influencé par l'autre proposition. Il arrive de plus en plus fréquemment de rencontrer des prospects qui ont une idée arrêtée sur un sujet, qu'ils ne maîtrisent pas, mais dont ils ont lu des informations, parfois fausses, sur Internet.

**Les questions fermées**

La personne interrogée est invitée à répondre par « oui » ou par « non ». Il peut aussi s'agir d'une réponse très précise. Les questions fermées sont posées dans un second temps, pour valider des éléments précis.
— Y a-t-il une alarme branchée sur le central téléphonique ?
Réponse 1 : non.
Il faudra poser des questions supplémentaires pour en savoir plus.

Réponse 2 : non, elle est branchée sur une ligne téléphonique indépendante.
Il faudra peut-être poser des supplémentaires pour affiner les réponses.

**Les questions alternatives**

Elles permettent d'apporter une réponse précise entre deux choix.

— Préférez-vous un téléphone de bureau filaire, ou un téléphone sans fil ?

Une vingtaine de minutes plus tard, mon manager semble avoir suffisamment d'informations sur l'organisation de la société. Il s'attaque aux factures. L'analyse des factures concerne les coûts mensuels de la location du matériel, les frais de maintenance et les consommations. Il additionne toutes les charges et note les montants.

— Ramenée sur une base mensuelle, votre installation téléphonique actuelle vous coûte 283 euros par mois. C'est bien cela ?

La question est directe, le chef d'entreprise marque un instant de surprise.
— Euuh, oui, c'est possible. Comme les charges sont réparties sur plusieurs factures, je ne me rends pas bien compte.

— Je vous propose de faire ensemble le tour de vos bureaux, cela permettra de vérifier que je n'ai rien oublié.
Mon chef se lève, suivi du gérant. Je les suis d'un pas.

Les bureaux sont relativement espacés et lumineux. Cela doit être agréable de travailler ici. L'ambiance est très calme, les employés sont tous occupés à leur poste de travail. Je remarque leurs grands écrans et leurs sièges ergonomiques. Le design des bureaux n'a rien à envier aux grandes entreprises que j'ai rencontrées lors de mes nombreux entretiens de recrutement. Une seule personne est au téléphone et dit plusieurs fois *Ouais*, et *ouais ouais*. Elle me fait penser à Janine, ma grenouille verte morte l'année dernière. Mon chef compte les téléphones, il pose des questions et note des informations. Quand tout à coup, il s'arrête devant une grosse boîte pleine de fils.

— C'est bien ce que je pensais, ce n'est pas tout jeune. Bon, bon... hum... okay. On peut continuer.

Une armoire de brassage, c'est le nom de cette armoire qui contient des appareils et des câbles permettant de connecter les téléphones ensemble. Rien d'extraordinaire pour un technicien comme moi, mais j'imagine que le petit show de Jean-Noël doit avoir un certain effet sur le prospect. Je commence à comprendre son jeu...

— C'est bon pour moi. J'ai suffisamment d'informations techniques. Nous pouvons retourner à votre bureau et je vais pouvoir vous faire une proposition d'optimisation de votre installation. Je pense pouvoir vous faire faire quelques économies.
Il termine sa phrase avec un petit sourire discret.

Il presse le pas en direction de son bureau. Mon chef le suit et je ferme la marche, en faisant quelques sourires à un petit groupe de personnes que je croise dans le couloir.

**NOTE : Changer de rythme**

La visite des bureaux et le comptage des téléphones ne sont pas forcément une fin en soi. Cette technique bien connue des vendeurs a pour objectif de casser le rythme et la rigidité de l'entretien. L'acheteur ou le chef d'entreprise peut ressentir la relation client comme un acte commercial pur. Cela a malheureusement pour conséquence de créer des émotions négatives chez le prospect, et générer de la méfiance. Le risque de rupture de la relation de confiance entre les deux parties n'est pas négligeable. Si le prospect se méfie du vendeur, il y a des chances pour qu'il n'achète pas, même si l'offre est très intéressante pour lui. En se levant, les deux parties changent de position : le commercial accompagne le chef d'entreprise. Il est là pour l'aider, pour lui apporter une solution, précise et sur mesure, relative à sa problématique personnelle. En marchant à côté de lui, le vendeur quitte sa position de vente et d'influence. La méfiance du prospect devrait normalement diminuer.

Cet exemple est reproductible dans de nombreux cas de figure. De gros contrats sont signés au restaurant ou dans un lieu de loisirs.

Mon téléphone vibre dans la poche de ma veste. Une seule vibration. Cela doit être un SMS. Je regarde ma montre. 14 h 48. Le temps passe vite. Il va devoir être bon pour terminer à l'heure. À moins qu'il ait presque terminé.

— Monsieur Jedrzejczyk, si je vous apporte une solution qui permet de remplacer vos vieux téléphones par du matériel neuf, fiable et professionnel... bien sûr avec une maintenance sur site et une intervention dans les quatre heures. Nous pouvons aussi prévoir un téléphone fixe et un téléphone sans fil pour vous, ce qui vous permettra d'être toujours joignable... et si en plus je vous fais faire des économies, me promettez-vous de travailler avec moi ?

Quoi ? Il a demandé au gérant de travailler avec lui... ça veut dire lui acheter sa solution... mais il n'a encore rien proposé. C'est gonflé ! Il va planter la vente. Je n'aurais jamais osé faire cela avec un client qui vient pour acheter un canapé.

— Oui, si vous me remplacez tous mes téléphones par des neufs et que je fais des économies, pourquoi pas...
Le gérant montre son intérêt par un « oui » de la tête. Il est penché en avant et semble curieux d'en savoir plus.

**NOTE : L'engagement**

La méthode de l'engagement consiste à demander au prospect de s'engager à faire quelque chose. Ce sera ensuite plus difficile pour lui de se rétracter. Bien sûr, il pourra toujours dire non, mais ce ne sera plus aussi simple. Pour certaines personnes, la parole est suffisante. Dans certaines cultures, la parole remplace les contrats écrits. Elle peut même avoir plus de valeur. Au sein de notre culture occidentale, les écrits sont plus importants que la parole. Néanmoins, le fait de s'être engagé verbalement crée une difficulté supplémentaire pour se rétracter.

— Bon, voici ce que je vous propose...

Jean-Noël prend une feuille de papier et la place devant le chef d'entreprise. Il entreprend de lui expliquer en détail le schéma de la nouvelle installation téléphonique. Il commence par le serveur télécom en dessinant un gros carré au milieu de la feuille. Il dessine ensuite des petits carrés et explique qu'il s'agit de téléphones raccordés à l'installation. Et ainsi de suite, pendant trois minutes.

— Voici donc votre nouvelle installation téléphonique correspondant à l'utilisation du téléphone dans votre entreprise aujourd'hui, sachant qu'il s'agira de matériel de qualité, fabrication européenne...

Et il continue ainsi à citer des qualificatifs renforçant la qualité et la fiabilité de son équipement. Le gérant fait toujours « oui » de la tête en l'écoutant.

— Cette installation vous convient-elle ? Répond-elle à vos attentes et votre utilisation ?
Le prospect est souriant et fait une nouvelle fois « oui » de la tête.

— C'est bien beau tout cela, mais ça va coûter combien ? Je vous rappelle que vous m'avez promis de faire des économies !

Belle remarque à laquelle mon chef n'aura peut-être pas de réponse. Il faut reconnaître que la proposition qu'il vient de faire en utilisant son schéma est très convaincante.

— Bien sûr, j'allais y venir. Je voulais d'abord valider avec vous que ma proposition correspond parfaitement à vos attentes.

Jolie réponse ! Rapide, claire, efficace. Décidément, il me surprend.

— Vous m'avez communiqué quelques chiffres tout à l'heure. Je vais immédiatement calculer le coût mensuel de cette nouvelle installation et y intégrer votre consommation téléphonique.
Il sort sa calculatrice et une grille tarifaire, et tape une série de chiffres.
— Si j'effectue un rapport de charge, en y intégrant notre promotion sur le serveur télécom et l'offre de bienvenue de 10 %, votre nouvelle installation reviendra à 254 euros par mois, avec du matériel neuf, contre 283 euros maintenant, pour vos vieux téléphones. Ce qui représente un gain de presque 30 euros tous les mois. À cela, vous ajoutez l'optimisation de vos consommations, un ajustement automatique des tarifs et une maintenance sur site dans les quatre heures. C'est joli, n'est-ce pas ?
Un grand sourire laisse maintenant apparaître ses dents jaunies et ses deux couronnes en platine.

— Effectivement, je dois reconnaître que votre proposition est intéressante. Je vais y réfléchir.

— Monsieur Jedrzejczyk, si j'arrive à ce tarif, c'est parce que j'ai appliqué deux remises : l'une parce qu'il y a en ce moment une promotion sur ce modèle de standard téléphonique et l'autre parce que vous êtes un nouveau client. Vous comprenez que je ne pourrai pas vous accorder la promotion sur le matériel si vous vous décidez plus tard. Cette offre est temporaire et je peux vous en faire bénéficier aujourd'hui. Par contre, je ne peux absolument pas vous garantir qu'elle sera encore valable demain. Mon fournisseur a un stock limité à ce tarif-là. Hors promotion, il faudra ajouter 35 % au prix d'aujourd'hui. Donc, nous serons au-delà de votre budget. Vous avez la possibilité de bénéficier d'un matériel plus haut de gamme pour un tarif inférieur à votre vieux matériel. C'est aujourd'hui qu'il faut en profiter.

Il faut admettre qu'il sait défendre son offre ! Je sens aussi que le stress est en train de monter. Les odeurs de transpiration réapparaissent, il est temps que ce soit terminé...

— Alors Monsieur Jedrzejczyk, que fait-on ? On y va ?
Il prononce ces derniers mots comme un coach d'une équipe de sportifs aux Jeux olympiques.

— Oui, votre offre est intéressante. Je suis partant !
Son regard est brillant et sa bouche souriante. Il est très clairement satisfait de ce qui vient de lui être proposé.

— Parfait ! Vous faites le bon choix. Vous avez tout à fait raison d'en profiter. Je vais tout de suite vous établir le contrat pour le matériel, la maintenance et les consommations.
Jean-Noël dégage une assurance très professionnelle.

J'ai appris, il y a quelques années, qu'il faut toujours rassurer le client de manière professionnelle tout au long de l'entretien et de la négociation, mais aussi dès qu'il s'est décidé à acheter. Cela contribue à augmenter la confiance, et donc facilite la vente. Dix minutes plus tard, nous ressortons avec les documents signés : un bon de commande pour le matériel, un pour la maintenance, un contrat pour la location financière sur 5 ans et un quatrième document pour un abonnement à un opérateur téléphonique.

— Tu vois, c'est comme ça qu'on vend ! C'est ça notre métier et c'est ça que tu devras savoir faire à la fin de cette semaine !

Il était content de sa vente et aussi très fier de sa démonstration. Il faut dire qu'il m'a vraiment surpris. Je ne pensais pas qu'il était possible de vendre pour quinze mille euros à un professionnel en une heure !
Pendant le trajet du retour, il parle du client et de son entreprise. Il revient sur les détails de la vente et sur ce qui l'a convaincu. Il s'envoie des fleurs et se félicite *d'avoir été bon.*

15 h 45. Retour chez Noetramus.

— Patricia, saisissez-moi ça. C'est la vente que je viens de faire. Il faut qu'elle parte aujourd'hui. Installation le plus rapidement possible chez lui, il ne faut pas que le client ait le temps d'annuler. Allez, hop hop hop, on se dépêche !
Il se tourne vers moi, jette un regard en coin en direction de Patricia et me parle à voix basse.
— Si je ne lui dis pas de se dépêcher, on y sera encore demain. Ne fais jamais confiance aux assistantes, elles sont lentes et ne savent pas que c'est le travail des vendeurs qui paient leur salaire !

Ce type a deux facettes : d'une part, il est sympa avec moi, du moins pour l'instant ; d'autre part, il se comporte comme une ordure avec son assistante. J'ai eu un bon contact avec elle ce matin. Elle a l'air sympa. Cela me fait mal de voir comment il la traite.

— Bon, je dois te laisser pour aujourd'hui. J'ai un rendez-vous. Donc, je te laisse t'installer à ton bureau. Vois avec Patricia pour les fournitures de bureau. Ton ordinateur devrait arriver, s'il n'est pas encore là. Tu termines à 18 heures en même temps que les autres commerciaux. Enfin, tu verras qu'ils sont parfois encore là à 19 heures. À demain 9 heures. Et ne sois pas en retard !

Il quitte le bureau précipitamment. Je suis son conseil et vais m'installer au premier bureau libre, près de la fenêtre. Il n'y a pas d'ordinateur ni d'accessoires de bureau. Patricia n'a que peu de temps à m'accorder. Le dossier ramené par le chef semble mobiliser toute son attention. Je préfère ne pas la déranger. La remarque du manager l'a visiblement perturbée tout à l'heure. Ce n'est vraiment pas cool de sa part. Je me demande ce qu'il lui reproche. Bon... pour l'instant, il faut que je pense à moi et à mon entrée dans la société. Il a dit que j'ai un mois pour faire mes preuves et aussi qu'à la fin de la semaine je dois savoir vendre comme lui. Il y a du travail ! Cela va être difficile, car je n'ai jamais fait cela. Par contre, c'est motivant ! Si je reçois une commission sur chaque vente, comme il est écrit dans mon contrat, alors je devrais bien gagner ma vie ! Je vais passer un peu de temps à noter tout ce que j'ai appris aujourd'hui. Cela me servira pour la suite.

17 h 58. Mon téléphone vibre une fois. Un SMS vient d'arriver.

> La journée s'est bien passée ? Tu ne t'es pas endormi ? LOL.
> 17:58

J'ai oublié de consulter le précédent. J'étais tellement pris par l'activité de la journée que j'en ai oublié mon téléphone. Cela ne m'arrive jamais. Habituellement, je suis plutôt accro à mon smartphone.

Ce SMS de Lucie me fait du bien. Cette longue journée est terminée. J'ai appris beaucoup de choses aujourd'hui, et il est maintenant temps de rentrer chez moi.

Le SMS reçu plus tôt dans la journée :

> Alors ? Ça se passe bien ?
> 14:48

C'était encore Lucie. Je lui répondrai tout à l'heure en rentrant à la maison.

Je sors du bureau. Les deux vendeurs ne sont pas encore rentrés, Patricia n'est pas à son bureau. Je rejoins ma voiture et je rentre chez moi. Je suis crevé !

Je passe faire un tour sur Facebook pendant que ma pizza est au four. Lucie et d'autres copains sont connectés en même temps que moi. Nous échangeons quelques messages par le chat, des banalités qui font du bien au moral... Le genre de petits messages qui vous laissent moins seuls. D'ailleurs, à ce propos, la page de Lucie et ses photos me laissent penser que c'est bien dommage que je ne sois pas plus présent sur ses photos de vacances… Elle est seule et je suis seul… c'est vrai qu'on s'entend bien…

20 h 24. La télé est allumée depuis une bonne demi-heure. Le journal annonce encore de mauvaises nouvelles. La voix de la journaliste en bruit de fond se superpose à mes pensées. Je suis allongé dans mon canapé, un pied sur la table du salon et l'autre sur l'accoudoir du fauteuil à côté de moi. Je me sens terriblement fatigué après cette première journée. J'ai mal partout, ma tête est lourde et mes yeux piquent. Les pensées se bousculent dans mon esprit… mon nouveau bureau… l'assistante du manager et son regard de terreur, une nouvelle information sur les affrontements armés… je suis fatigué…

# 3. LA MÉTHODE DE VENTE

Mardi 22 janvier 2013

8 h 47. Je pousse la porte d'entrée et passe à côté de l'accueil, en saluant rapidement l'hôtesse, déjà accrochée à son téléphone. Son air sérieux et pincé est différent du sourire de la veille. N'ayant pas encore de clé ou de badge pour accéder aux bureaux de Noetramus, il me faut sonner à la porte. Quelques secondes après avoir appuyé sur le bouton, un signal électrique m'indique que la porte est déverrouillée. Je peux entrer.
Je passe devant le bureau de Patricia qui est encore plongé dans l'obscurité. Les volets sont fermés, elle n'est pas encore arrivée. La porte du bureau de mon manager étant ouverte, je peux voir qu'il n'est pas arrivé non plus. Une vague odeur d'alcool flotte dans l'air. Il a peut-être fêté sa vente d'hier... je ne sais pas, et ce ne sont pas mes affaires.
Une fois arrivé dans le bureau des commerciaux, j'ai l'agréable surprise de constater qu'un ordinateur trône au milieu de mon bureau. Il est flambant neuf. De petits morceaux de polystyrène sont encore collés sur le boîtier. Il s'agit d'un ordinateur de bureau classique, avec un écran ultraplat de 24 pouces. C'est la première fois que je travaille sur un écran aussi grand. Jusqu'à présent, j'ai toujours travaillé sur de petits écrans qui font mal aux yeux après quelques heures d'utilisation.
Le temps est clair aujourd'hui et le soleil inonde le bureau d'un éclat jaune et chaleureux. Cela contraste avec la température froide de ce matin d'hiver. À peine 1 degré au thermomètre.

— Salut. Comment tu vas ?

Une voix chaleureuse vient de résonner à un mètre de moi. Serge, le vendeur qui m'a été présenté hier, vient d'entrer dans le bureau. Il marche sur des coussinets, comme un chat. Je ne l'ai pas entendu entrer. Il faut dire que j'étais absorbé par le démarrage de mon nouveau jouet.

— Bonjour. Ça va bien, merci.
Je lui serre la main précipitamment et un peu maladroitement.

Serge est un commercial d'une trentaine d'années. Les cheveux coupés courts, le regard vif, et la vivacité de sa voix lui donnent un air dynamique.

— Je vois que tu as reçu ton ordinateur. C'est bien… C'est maintenant que les problèmes commencent. Tu verras qu'ici on te fera toujours chier pour que tu remplisses tes tableaux et tes prévisions de vente. Je me bats avec le chef depuis deux ans pour qu'il arrête de nous gonfler avec ses chiffres et son administratif. Mais t'inquiète, tu vas vite découvrir que c'est pénible, et tu t'y habitueras.

— Ah bon. OK. Je n'aime pas l'administratif, mais s'il faut le faire, je le ferai…

— De toute façon, tu n'auras pas le choix ! Je ne veux pas t'influencer, mais tu découvriras par toi-même que le chef est très exigeant. Il est aussi parfois injuste. Un vrai crétin doublé d'un imbécile ! Un petit conseil : ne lui fais pas confiance !

Au moins, c'est clair : Serge n'aime pas son manager. Après ce que j'ai vu hier, je peux comprendre que son comportement envers l'assistante en choque plus d'un. Apparemment, il ne plaît pas non plus à ses commerciaux. À moins que Serge ait des problèmes avec lui. Pas de préjugés, je me ferai ma propre impression en temps voulu.
Pendant la demi-heure qui suit, Serge m'aide à connecter mon ordinateur. L'équipe technique l'ayant déjà paramétré, je peux accéder à l'ensemble des dossiers stockés sur le serveur.

9 h 31. Jean-Noël Delatombe arrive précipitamment dans le bureau des commerciaux, et aboie d'une voix vive et

relativement agressive.
— Bonjour ! Où est Anne ?

Serge salue son chef de loin d'un bref geste de la main, puis répond :
— Je ne sais pas, je ne l'ai pas vue. Nous sommes seuls.

Et le manager repart aussi rapidement qu'il était venu.

— Jean-Noël, dans toute sa splendeur ! C'est normal, ne t'inquiète pas, il est toujours comme ça. Une idée lui passe par la tête et il débarque comme une furie.
Il me regarde d'un air blasé, tout en secouant la tête.
— T'as prévu quoi avec le chef aujourd'hui ?

— Je ne sais pas. Il ne m'a pas donné le programme de la journée. Hier, il m'a présenté la société, le fonctionnement et les procédures. Après, je suis allé avec lui chez un client. Il a vendu un standard téléphonique. Il est reparti tout de suite à un autre rendez-vous et je ne l'ai pas revu.

— Ouais je vois, classique ! Il y a trois semaines, nous avons eu une nouvelle commerciale, Carole. Plutôt mignonne ! T'aurais dû voir comment le bouledogue l'a traité ! Elle s'est barrée au bout de trois jours. Elle n'a pas supporté Jean-Noël. Il a été ignoble avec elle, carrément misogyne ! C'est pour ça que t'as été engagé aussi vite. Le groupe met la pression sur l'agence et Jean-Noël est en dessous de ses objectifs. Il a peur pour sa peau, donc il repart sur le terrain faire des ventes. Avant, il restait le cul assis sur sa chaise à donner des ordres à Patricia. Il va vouloir que tu sois très rapidement opérationnel, comme ça il ne sera plus obligé de vendre.
Serge recule son siège rapidement et pose un instant les pieds sur son bureau, tout en plaçant ses mains derrière la nuque, mimant ainsi l'attitude détendue de son chef en vacances, et poursuit :
— Il pourra à nouveau se la couler douce ici avec son ordinateur et ses tableaux. Ce mec est une sangsue. Il profite de notre travail pendant qu'il passe la moitié de ses journées hors de la société. Personne ne sait ce qu'il fait. Il a des rendez-vous à

l'extérieur de l'entreprise et il arrive toujours en retard le matin. Par contre, il appelle Patricia tous les matins pour vérifier que nous sommes arrivés. Je pense que là, il est en pétard parce qu'il a appelé ce matin et qu'Anne n'est pas là. D'ailleurs, c'est bizarre, Patricia n'est pas là non plus.
Il s'arrête un instant avant de reprendre, en me montrant une photo de deux enfants affichée en fond d'écran.

— Tiens, apparemment, on t'a refilé l'ordinateur de Carole. C'est une bonne machine ! Il est tout neuf. Par contre, c'est encore une connerie de Jean-Noël. On a des PC fixes alors qu'on pourrait avoir des ordinateurs portables. On ne serait pas obligés de passer au bureau pour remplir leurs tableaux sur leur application de merde.
Il a terminé sa phrase en soupirant et en faisant non de la tête.

— Enfin, je ne veux pas t'influencer, tu verras par toi-même…
Il soupire encore, cette fois en soufflant longuement.

— Bon, eh bien, je vais découvrir tout cela et on verra la suite. J'ai vu une vente hier. Jean-Noël est impressionnant ! Il a vendu une installation téléphonique complète en une heure. Je n'ai jamais vu ça !

Le téléphone de Serge sonne. C'est Anne, la commerciale.

— Le chef te cherche et il n'a pas l'air content. T'es où ?
Serge active le haut-parleur de son téléphone.

— Je suis sur la route, j'arrive. Panne de réveil ce matin. J'ai terminé tard hier à cause du chef. Patricia m'a donné un dossier hier soir dans lequel il manquait des éléments techniques. C'est une vente de Jean-Noël d'hier après-midi, mais il a oublié des trucs. J'ai passé une heure au téléphone avec Patricia. On doit retourner chez le client pour vérifier son installation. Tu vas voir qu'on va encore perdre de l'argent à cause de ses conneries ! Qu'est-ce qu'il me veut ?

Bien que je ne la connaisse pas, Anne semble tendue. Sa voix est saccadée et l'énervement bien présent.

— Aucune idée ! Il est rentré dans le bureau, il a demandé après toi et il est reparti aussi vite. Je n'ai pas vu Patricia non plus. Pas de nouvelles de la miss !

— Je suis là dans cinq minutes. Peux-tu essayer de savoir ce que le chef veut et tu me rappelles avant que j'arrive ? Ce serait très sympa.
De l'inquiétude est maintenant perceptible dans sa voix.

— Ah… trop tard ! Je le vois par la fenêtre en train de traverser le parking, il va repartir.

— OK, je ne me dépêche pas alors, je n'ai pas envie de le voir maintenant. Je préfère arriver tranquillement quand il sera parti.
Elle raccroche.

Quelques minutes plus tard, Anne entre dans le bureau. Je l'avais à peine vue, hier. C'est une petite femme vive et dynamique, débordant d'énergie. Son sourire de la veille est maintenant remplacé par une expression de colère et de fatigue.

— Il m'énerve, IL M'É-NER-VE !
Elle a crié fort, très fort ! Je parie que la dame de l'accueil l'a entendue.

— Il est nul ! Non seulement il nous fait perdre des clients, mais en plus on perd de l'argent sur ses ventes !

Elle est dure avec son chef. C'est pourtant lui qui a décroché le contrat hier. Je ne comprends pas ce qu'elle lui reproche.

— Salut ! Tu es Quentin, c'est bien ça ?
Elle me regarde en me serrant la main.

— Désolée pour cette arrivée un peu brutale !

Je secoue la tête doucement avec un sourire pour lui faire comprendre que ce n'est pas grave.

— Je ne sais pas si Serge t'a parlé de ton nouveau chef, tu verras que ce n'est pas le meilleur vendeur de la société.

— Qui est le meilleur vendeur ?

Ils se regardent en souriant et Serge répond fièrement :
— C'est nous, bien sûr !

Effectivement, j'aurais dû me douter ! Ils critiquent leur manager parce qu'ils se considèrent comme les meilleurs. Ce sont sûrement des vendeurs avec les dents très longues, qui feraient tout pour vendre. J'ai intérêt à me méfier, ce ne sont pas forcément mes amis. J'ai rencontré beaucoup de commerciaux dans ma vie... et j'ai souvent été déçu par leurs esprits de compétition. Ces deux-là me semblent être des rapaces. Il faut que je fasse attention.
Je souris à mon tour afin de leur montrer que je suis avec eux. De toute évidence, deux camps s'affrontent : d'une part les commerciaux et l'assistante, d'autre part le manager. Je verrai plus tard comment cela se passe avec le reste de l'équipe. Je n'aime pas ces tensions au travail. L'atmosphère était nettement plus détendue dans mon ancienne boîte.

Il faut que je relance la conversation.
— Pourquoi vous êtes meilleurs que Jean-Noël ?

Anne envoie à Serge un regard complice et se tourne ensuite vers moi.
— Notre chef, donc ton chef, n'est pas un commercial. Ce n'est pas non plus un manager. Ou plutôt, c'est quelqu'un qui occupe une place qu'il ne devrait pas occuper. Il n'a ni les compétences pour vendre ni les compétences pour gérer une équipe. Et à mon sens, c'est un gros connard !
Le dernier mot tombe comme le maillet d'un juge au tribunal. Il résonne dans ma tête pendant une fraction de seconde avant qu'elle reprenne :
— Nous sommes deux à faire tourner la boîte, à rentrer du chiffre, à faire des affaires qui rapportent de l'argent à la société. Nous payons son salaire et les revenus des dirigeants de la société. Il y a quelques semaines, une nouvelle vendeuse a été engagée. Il l'a fait craquer en trois jours ! À côté de cela, il est

incapable de vendre correctement les produits et services les plus simples. Toutes ses ventes doivent être corrigées. Devine par qui ? Encore nous, Serge et moi. Il oublie toujours quelque chose et c'est la pauvre Patricia qui récupère tous les problèmes. Hier, tu étais en rendez-vous avec lui. Il est ressorti avec un contrat signé en faisant son grand show, je suppose…

— Oui, j'étais avec lui, et j'ai vu qu'il a vendu toute une installation téléphonique en seulement une heure !

— Ce qu'il ne t'a pas dit, c'est que j'avais déjà rencontré cette société il y a quelques mois quand le gérant a décidé de remplacer ses copieurs. J'y suis allée sous une autre enseigne, car nous avons une autre société dans le groupe. J'avais noté des informations sur le matériel informatique et téléphonique. Avant que Jean-Noël rencontre ce client hier, il savait exactement quel équipement le client avait. Il pouvait anticiper ses besoins. Nous avions déjà des informations dans le système informatique, car c'est moi qui les ai notées. Il lui suffisait de rencontrer le client, de noter quelques informations complémentaires sur ses besoins de manière à ajuster précisément l'offre. Il a sorti une vieille promotion de son chapeau qui date de 15 jours, il a déroulé la trame de vente, ajouté son grand sourire et il a fait signer le client. Il m'a piqué MON client ! Il n'a aucun mérite à avoir remporté cette vente ! C'était un client facile que j'avais l'intention de rencontrer le mois prochain.
Elle était vraiment en colère !

— Mais, il a tout de même vendu une installation complète pour plus de quinze mille euros…
Je ne pouvais pas cacher mon étonnement.

— Oui, mais par rapport à la marge qu'on est censés dégager, on a perdu de l'argent ! Il a effectivement vendu un serveur téléphonique et des téléphones, mais il a oublié d'inclure des cartes et du matériel pour les raccorder. En plus, il a fait baisser le prix en appliquant une réduction sur le standard qui n'est plus valable. Donc, nous n'allons pas acheter le serveur avec une remise de 30 %, mais nous allons le payer plein pot chez le

fournisseur ! Concrètement, si toutes les ventes se font comme ça, la société mettra vite la clé sous la porte... Il a gâché un client.
Elle semble dégoûtée par cette situation.

— La méthode de vente m'a impressionné. Même si la vente était *facile*, il fallait tout de même convaincre le gérant de signer le bon de commande. En plus, il a aussi signé un contrat de maintenance et un abonnement avec des minutes de communication. Ça me paraît tellement compliqué…

Je pense vraiment ce que je viens de dire. Les deux commerciaux me regardent en souriant.

Serge pose sa main droite sur mon épaule.
— T'inquiète, dans quelques jours tu seras capable de faire la même chose. Ce n'est pas bien compliqué. Suffit d'appliquer la méthode de vente. Ensuite, on a des astuces pour vendre plus. Puisque tu n'as rien de prévu aujourd'hui et que le chef est parti, viens avec moi en clientèle. Je dois rencontrer un prospect ce matin. C'est une PME et le gérant ne nous connaît pas. Je ne le connais pas non plus, je sais juste que c'est un cabinet d'avocats. Ce qui est bien avec les avocats, c'est qu'on peut tout leur vendre : téléphones, informatique, copieurs, alarmes. Tout est bon dans le cochon !
Il se met à rire subitement en nous regardant. Je n'ai pas compris la blague avec le cochon, mais je lui retourne un petit rire un peu gêné. Il poursuit :
— On va voir s'il a besoin de quelque chose. Enfin, je vais devoir le convaincre qu'il a besoin de quelque chose ! Tu sais, les clients n'ont jamais besoin de rien. Ils ont toujours tout, surtout nos produits. Mais on va bientôt proposer encore plus de produits et de services. Dans peu de temps, nous aurons d'autres solutions sur mesure pour les gens qui ont déjà tout. L'équipe technique y travaille.

Anne reprend la parole sans me quitter des yeux.
— Écoute ! Hier, tu as vu la simple application d'une méthode de vente utilisée par de nombreux vendeurs partout

dans le monde. Il est possible de vendre tout et n'importe quoi avec cette méthode, à partir du moment où tu la connais. C'est une simple trame, comme une structure, qu'il suffit de suivre et dans laquelle il faut intégrer les produits et les services. C'est aussi simple que ça. Il a essayé de t'impressionner alors qu'il est loin d'être impressionnant !

Serge se met à rigoler et Anne semble être progressivement de meilleure humeur. L'ambiance est un peu plus détendue que quelques minutes plus tôt.

Elle continue :

— Jean-Noël n'est pas un mauvais vendeur, mais ce n'est pas non plus un bon. Nous sommes meilleurs que lui parce que nous écoutons le client. Nous lui posons des questions et nous regardons ses réactions.

Serge enchaîne ensuite :

— As-tu remarqué qu'il note énormément de choses quand il va chez un client ? Il parle et pose des questions. Il écoute les réponses et les note toutes. Il ne regarde pas le client. Il regarde beaucoup autour de lui et comme il le dit, *c'est important de voir ce qu'il y a chez le client*, mais il regarde tellement ailleurs qu'il ne voit pas le client. Il oublie complètement la relation avec les gens. Il est comme une secrétaire qui écoute ce qu'on lui dit et tape tout à la machine. Il veut tout noter parce qu'il est obsédé par son énorme base de données qu'il nous oblige à remplir tous les soirs. Tu devras le faire aussi : tu vas passer énormément de temps à remplir toutes les cases de son logiciel de merde !

— Serge a raison. On perd beaucoup de temps avec ce logiciel. C'est normal d'écrire un minimum de choses, mais ça devient idiot quand on perd autant de temps avec des choses inutiles. C'est pour ça qu'il note autant de choses. Il veut que ses fiches soient parfaites. Du coup, cela a des conséquences sur la relation avec le client. Et quand on regarde les chiffres de vente, eh bien on est nettement meilleurs que lui !
Anne a prononcé ces derniers mots avec beaucoup de fierté.

— Tout à fait exact. Il signe une vente sur cinq ou six prospects alors qu'Anne et moi on a un taux de transformation d'un sur deux si le prospect est connu, c'est-à-dire si on connaît ses besoins ou si on sait qu'il est possible de remplacer son vieux matériel. Si on ne connaît pas le client ou si on arrive au mauvais moment, par exemple s'il est sous contrat avec un autre prestataire et qu'il n'est pas possible de casser le contrat, alors on réussit plutôt une vente sur trois.
Serge affiche un air convaincant.

Ces chiffres me semblent très élevés, bien que je ne connaisse pas ce secteur d'activité. Avec mes meubles et canapés, c'était différent. Les clients qui venaient dans le magasin avaient choisi de venir. Or ici, c'est le commercial qui démarche les clients. Ceux-ci n'ont rien demandé.

— Comment faites-vous pour avoir d'aussi bons résultats ? Vous utilisez la même méthode de vente que Jean-Noël ou vous avez une autre technique ?

Je sens ma curiosité s'intensifier. J'ai vraiment envie de savoir comment ils s'y prennent.

— Anne a une formation de psy, et moi je suis commercial chez Noetramus depuis trois ans. Je ne suis pas psy. J'ai le bac, rien de plus. Par contre, je suis plutôt bon pour analyser les réactions des gens. Je leur pose des questions et je regarde leurs réactions. Je vois tout de suite si je vais dans la bonne direction. C'est du feeling ! Je pose des questions et ils me donnent des réponses, mais je ne m'arrête pas à ce qu'ils disent. Je fais très attention aux gestes de la personne. Anne m'a appris beaucoup de choses sur les comportements des gens, surtout que c'est impossible de tout cacher et de toujours bien maîtriser sa communication.

Serge se tourne vers Anne qui enchaîne immédiatement.
— Moi, c'est l'inverse. J'avais une formation en psychologie et aucune expérience de la vente quand je suis arrivée ici. J'ai appris la méthode de vente avec Jean-Noël, telle que tu l'as vue

hier. C'est pour ça que je suis capable de parler des *prouesses* du chef. Je suis toujours très attirée par les nouvelles études sur le comportement et les émotions. Quand je lis quelque chose d'intéressant, je le partage avec Serge. Si ça t'intéresse, je peux aussi partager ces informations avec toi.

Anne est maintenant bien plus détendue. La communication est plus agréable.

— Bien sûr ! Je suis très intéressé pour apprendre de nouvelles choses. J'étais vendeur de meubles avant de venir ici. Ce n'est pas le même type de vente, les clients venaient à moi dans le magasin. Au départ, je suis technicien en informatique, je n'ai pas de formation de vendeur ni de psychologue.

— Très bien ! Tu pourras nous aider sur le plan technique pour les nouvelles offres et les nouveaux produits. On va faire une bonne équipe tous les trois !
Serge me tape sur l'épaule en rigolant.

— Oui, les trois mousquetaires ! dit Anne en souriant.

— Par contre, je vais devoir y aller. J'ai un rendez-v' à 10 h 30. Quentin, tu viens avec moi ?

J'accepte immédiatement la proposition de Serge. Deux minutes plus tard, nous sommes assis dans sa voiture en direction de la société.

10 h 30. À l'heure précise du rendez-vous, nous entrons chez le client. Il s'agit d'un cabinet composé de trois avocats et de deux assistantes. La société est placée stratégiquement dans le centre-ville, à proximité du palais de justice. L'hôtel particulier n'est pas bien grand, mais les décorations et le mobilier me laissent penser que cette petite PME a les moyens d'acheter nos produits. J'aurais dû être avocat… Du moins, j'aurais aimé avoir le compte en banque d'un avocat.

Serge nous présente, comme l'a fait mon manager la veille.

L'entretien démarre par des échanges courtois, ce que j'appelais avant *une conversation inutile*. Il parle de la pluie, du beau temps et des difficultés de stationnement. C'est banal, mais j'ai compris depuis quelque temps que cela est nécessaire pour établir de bonnes relations avec le client. J'ai lu dans plusieurs livres de vente que c'est un passage important à ne surtout pas négliger. Il faut montrer que l'on est *un bon gars sympa*. C'était le terme utilisé par l'auteur. Je l'ai retenu, car je le trouve bien approprié.

Le déroulement est similaire à l'entretien avec Jean-Noël. Serge valide le timing, puis vérifie que son interlocuteur est capable de prendre une décision et qu'il a les documents en sa possession.
Il présente Noetramus et pose ensuite toute une série de questions sur l'entreprise du client, sur son fonctionnement et ses besoins. Très rapidement, il détecte un besoin en matière de photocopie. Par expérience, Serge sait que les avocats scannent et impriment de nombreux documents. Le photocopieur est un outil précieux pour le cabinet. Celui qui est actuellement en fonctionnement est sous dimensionné par rapport au volume de copies réalisées tous les mois. De plus, il tombe régulièrement en panne, ce qui est une très bonne chose pour nous !
Serge pose des questions, le prospect y répond. Les réponses sont parfois directes, à d'autres moments il est nécessaire d'affiner. L'entretien se déroule de la même manière qu'avec mon manager. La structure est la même, je la reconnais. Je remarque aussi que l'avocat fait tout le temps « oui » de la tête, comme le chef d'entreprise hier. Serge le pousse à dire « oui », et encore « oui », et encore une fois « oui ». Curieusement, il n'a jamais l'occasion de dire « non ».
C'est la même technique que celle de mon chef, mais je ne l'avais pas remarquée à ce point là, hier. J'observe une première différence intéressante : Serge semble être complètement synchronisé au prospect. Ses gestes sont identiques à ceux de l'avocat. Il l'écoute attentivement, le regarde naturellement sans jamais le fixer du regard. Ces mouvements sont souples, il semble particulièrement à l'aise. Quand il prend des notes, il regarde à peine son cahier. C'est comme s'il écrivait automatiquement ; d'ailleurs, il écrit très peu par rapport à Jean-Noël. Il a peut-être une meilleure mémoire ? Je lui demanderai

pourquoi il ne prend pas plus de notes. Je constate aussi que sa manière de parler a changé. Ses phrases sont courtes, précises et bien formulées. Il articule mieux qu'avec moi ce matin, sans mâcher ses mots.
Pendant la visite des bureaux, il marche à côté de l'avocat. Il parle peu, mais il écoute et observe. Il est très souriant depuis le début de l'entretien. Pendant la visite, il serre la main des trois personnes qu'il rencontre. Apparemment, il a le contact facile !

Au plus la discussion avance, au plus je me rends compte que sa technique est vraiment différente de celle de mon manager. Serge communique beaucoup. Il recherche la relation humaine alors que Jean-Noël Delatombe se base plutôt sur une analyse froide de la situation pour établir un diagnostic des problèmes de l'entreprise, avant de lui apporter la solution.
C'est donc cela, la différence dont il parlait tout à l'heure. Il pose des questions, il écoute et observe toutes les réactions de l'autre personne avant de donner la moindre information au prospect sur la solution qu'il propose. Il peut donc réfléchir aux arguments les plus pertinents pour le convaincre. Il intègre ensuite toutes les informations dans leur structure de vente. C'est très fort !!! J'ai envie de lui poser plein de questions, mais je ne peux pas. Il va falloir que j'attende que nous soyons sortis de l'entreprise.
Encore quelques documents à signer et la vente sera bouclée. Je suis bluffé par ce que je viens de voir !

Après la pause déjeuner passée avec Serge dans un fast-food, nous rentrons au bureau. Il est déjà 14 heures.

— Quentin, je vais m'occuper de ta formation ! Je viens de recevoir un SMS de Jean-Noël. Il ne sera pas de retour avant jeudi ou vendredi. C'est bien, on sera tranquille ! Tu vas aussi aller en rendez-vous avec Anne. Ah oui, j'oubliais, Patricia est absente pour la journée. Encore en arrêt maladie... En ce moment, elle n'arrête pas ! Anne dit qu'elle fait une dépression nerveuse, mais qu'elle ne veut pas l'admettre. Bon, on va se débrouiller, ça va aller !

Le bureau des commerciaux est vide. Anne est partie en laissant la fenêtre ouverte, il fait un froid glacial. C'est alors que Serge propose que l'on s'installe dans la salle de réunion.

— Installe-toi là.
Il me montre la chaise placée devant le grand tableau blanc.
— Bon, pour commencer, je vais te présenter la structure de l'entretien client. C'est une trame de vente que tu pourras utiliser à chaque fois que tu rencontres un acheteur potentiel. Tu pourras toujours t'y accrocher. C'est ta base de travail. Il faudra que tu la respectes à la lettre. Ça t'évitera d'être déstabilisé par un client. Certains sont parfois assez difficiles à gérer. Si tu respectes cette structure, tu seras toujours capable de rebondir et tu pourras toujours montrer une attitude professionnelle. Après, je te montrerai comment gérer l'administratif de la vente, car tu sais, Jean-Noël est le spécialiste de la paperasse et de l'administratif inutile ! Et je ne te raconte pas la galère de son logiciel de gestion client !

Ses deux dernières phrases font ressentir tout le mal qu'il pense de ce logiciel.
Pendant l'heure qui suit, Serge me présente la structure de vente. C'est effectivement celle que j'ai découverte la veille avec le manager. C'est aussi celle qui a été utilisée ce matin.

**NOTE : Les 8 phases chronologiques de l'entretien**

(Présentées dans mon livre *Comprendre et maîtriser l'intelligence non verbale*, Editions Leducs 2014)

**Phase 1 : le bris de glace**

Cette phase a pour objectif d'amorcer la conversation. Le commercial doit montrer qu'il est sympathique, car généralement on préfère travailler avec des gens sympas. Il est souriant, calme, agréable. Ses gestes sont souples, il est détendu ; ses yeux sont mobiles et il évite de fixer son interlocuteur du regard. Il synchronise l'ensemble de sa communication à son interlocuteur, en utilisant les mêmes gestes, les mêmes mots, le même style verbal et des variations vocales.
Il respecte la zone de confort de son interlocuteur en évitant d'envahir son territoire. Il n'est ni trop proche de lui (ce qui pourrait créer du stress), ni trop éloigné (ce qui serait nuisible à la communication).

Durée : cette phase dure le temps nécessaire pour établir un bon contact. Elle correspond généralement à la durée qu'il faut pour se rendre de l'accueil de l'entreprise où votre contact vient vous accueillir, jusqu'à la salle où l'entretien se déroulera. Le temps de sortir votre bloc de feuilles et un stylo et vous êtes prêt à travailler. La durée est généralement de 3 à 5 minutes. Au-delà, votre interlocuteur aura l'impression de perdre son temps. En dessous de cette durée, il aura l'impression que vous êtes trop rapide. Il faut lui laisser le temps de s'habituer à vous. Cela inclut votre physique, votre comportement, votre manière de vous exprimer, votre voix et énormément d'autres indicateurs analysés inconsciemment.

**Phase 2 : la validation des clés de décision**

Clé 1 : l'interlocuteur
Le vendeur doit déterminer si la personne qui se trouve devant lui est le bon interlocuteur. Cette personne doit être capable de prendre une décision.

Clé 2 : le temps
Le commercial doit valider avec son interlocuteur qu'il dispose bien de la durée convenue lors de la prise de rendez-vous. Il est nécessaire d'avoir suffisamment de temps pour se présenter et découvrir les besoins du client. À la fin de l'entretien, il doit être capable de lui proposer une solution sur mesure. Soit durant le rendez-vous en cours, soit lors d'un prochain rendez-vous. Dans tous les cas, il est important qu'il ait eu le temps de collecter l'ensemble des informations nécessaires à l'établissement de la solution.

Clé 3 : les documents
Il peut être aussi nécessaire d'utiliser des documents durant ce rendez-vous. C'est pourquoi le vendeur doit valider que le prospect soit bien en possession de ces documents avant de démarrer l'entretien. Il peut s'agir de plans, de schémas, de données techniques, de factures, de statistiques, d'autres chiffres. Si ces informations sont nécessaires à la réflexion sur la mise en place d'une solution, ou à son chiffrage, il est important que le prospect les ait en sa possession dès le démarrage. Dans le cas contraire, s'il doit s'absenter durant l'entretien, il est possible qu'il ne revienne pas rapidement ou qu'il décide de remettre à plus tard la suite de l'entretien, lors d'un second rendez-vous. De plus, son absence au milieu de la réunion risquerait de faire redescendre la pression que le commercial a essayé d'installer depuis le début du rendez-vous. Toute interruption risque de casser le rythme de l'entretien.

Durée : en une minute, vous devriez avoir couvert ces trois points.

Transition : une phrase de transition est nécessaire à ce moment précis. L'entretien vient de démarrer, votre interlocuteur ne sait pas encore ce qui va se passer durant l'heure que vous allez passer ensemble. Il est nécessaire de lui présenter le plan de l'entretien pour diminuer certaines craintes. Il ne vous connaît pas et ne connaît pas non plus votre société. Il peut avoir un doute quant à l'intérêt de ce rendez-vous. Cela pourrait créer un stress lié à la peur de l'inconnu.

Une phrase de transition simple servira à fluidifier le démarrage de cet entretien.

Par exemple : *Je vais me présenter et vous présenter la société, ainsi que notre groupe. Ensuite, je vous passerai la parole, pour que vous présentiez à votre tour votre société et votre activité. Et puis nous verrons ensemble si je peux vous apporter une solution adaptée aux besoins que vous rencontrez actuellement. Il sera ensuite l'heure de se quitter. Cela vous convient ?*

Cet exemple présente les trois phases suivantes : la présentation de la société, la découverte du client, et la présentation de la solution. Il n'y a aucune mention de chiffrage, de prix ou de négociation. L'objectif étant de rassurer le client, il est hors de question de mentionner qu'il devra payer à la fin.

## Phase 3 : Présentation de la société

Le vendeur présente sa société de façon claire, nette et précise. Il doit impérativement rassurer le client sur la solidité de la société, la fiabilité des solutions, les références et éventuellement sur l'appartenance à un groupe. Idéalement, il replace la société dans son secteur d'activité et sur sa zone géographique, en commençant par l'étendue générale (internationale ou nationale), pour en arriver à une localisation plus proche du client (régionale ou locale). La présentation de la société peut inclure une précision sur le fait que l'agence est proche géographiquement de la société du client. Cela le rassurera sur la réactivité possible du prestataire de services en cas de besoin.

La présentation de la société doit être très fluide et très professionnelle. Le commercial la connaît parfaitement. La présentation est donc connue et répétée de manière à être présentée de façon très naturelle. En aucun cas, le client ne doit avoir l'impression que le commercial lui récite un texte appris par cœur.

Durée : 3 à 5 minutes. Éviter les présentations trop longues. Il est préférable de consacrer plus de temps à la découverte du client.

Transition : la phrase de transition permet de passer la parole au client. Jusqu'à présent, ce dernier a écouté le vendeur. Maintenant, c'est à lui de parler.
Une phrase simple telle que : *Voilà en ce qui concerne Noétramus. Je vous laisse maintenant présenter votre société et votre activité.* Vous pouvez aussi ajouter à cette phrase, *Que faites-vous exactement ?*

**Phase 4 : la découverte du client**

Cette phase consiste à découvrir l'entreprise du client : sa structure, son implantation, son appartenance à un groupe, les circuits de décision, les impératifs techniques, les fonctionnements logistique, financier, administratif... La découverte doit être complète de manière à être certain de cerner l'ensemble des éléments contribuant à la réussite de la vente. Le commercial va devoir déterminer les leviers techniques, organisationnels, financiers, juridiques, logistiques… de manière à établir la solution la plus adaptée à l'entreprise, et à influencer le décideur dans son acte d'achat.

Durée : cette phase est la plus longue. Elle peut durer 30 à 40 minutes. Sur des projets complexes, elle peut aussi prendre deux heures ou deux réunions.

Il arrive que certains paramètres ne permettent pas de proposer une solution immédiatement à la fin de la phase de découverte. En fonction de l'entreprise, de la nature du projet et de sa complexité, ou des dirigeants, le commercial devra alors terminer le rendez-vous à la fin de cette étape. Il conviendra alors d'un second rendez-vous avec le prospect pour lui présenter la solution et le chiffrage de celle-ci.

Transition : la découverte du client étant terminée, le commercial reprend la parole pour lui présenter la solution. De nouveau, une phrase simple permettra de fluidifier le rendez-vous.
Par exemple : *J'ai bien noté l'ensemble de vos besoins et les points sur lesquels vous avez insistés. Nous avons aujourd'hui une solution très intéressante pour des sociétés comme la vôtre.*

Ensuite, vous pouvez utiliser l'engagement, comme l'a fait le manager de Quentin. Pour rappel, il a demandé à son client de s'engager à *travailler avec lui*. Ce qui, en d'autres termes, signifie *lui acheter quelque chose.* (Voir la note à ce sujet)
L'engagement permet d'entraîner le prospect dans un engrenage hors duquel il lui sera difficile de se rétracter une fois qu'il a *mis le pied dedans*. Ce processus psychologique se produit dès qu'il donne son accord pour travailler avec le commercial, si ce dernier lui propose une solution répondant à ses besoins, et financièrement acceptable.

## Phase 5 : présentation de la solution

La présentation de la solution doit toujours être très professionnelle. Le client achètera uniquement s'il est rassuré sur le fait que l'entreprise sera capable de répondre à ses besoins. Le décideur pourra aussi s'attendre à ce que ce nouveau prestataire (ou fournisseur) aille au-delà de ses attentes pour le satisfaire.
La solution présentée doit bien évidemment tenir compte des besoins du client, de ses exigences et contraintes. La phase de découverte a permis de relever de nombreuses informations, dont des leviers permettant d'apporter une solution sur mesure. Si le vendeur a bien fait son travail, il a aussi relevé des informations concernant les difficultés rencontrées par le

client. La nouvelle solution doit forcément apporter un bénéfice par rapport à l'ancienne, faute de quoi le prospect pourrait ne jamais devenir client. À part pour se débarrasser d'un fournisseur gênant, il y a peu de chances pour qu'un prospect choisisse de travailler avec une société qui ne lui apporte rien de plus que son prestataire actuel. Il faut toujours une plus-value. C'est le travail du commercial de déterminer celle-ci et de la vendre au travers de sa proposition de solution.

Le vendeur peut utiliser plusieurs techniques et astuces pour présenter son produit. Le plus simple est de présenter la solution en la dessinant sur une feuille de papier. Cette technique relativement rudimentaire à l'ère de l'informatique et des tablettes numériques présente l'avantage d'être particulièrement souple et rapide. Un dessin permet de simplifier fortement une communication. Il peut remplacer de nombreux mots, il aide aussi à la réflexion. Il sert aussi de support pour le commercial qui s'en servira pour appuyer son discours et argumenter les bénéfices de sa solution. Quand la solution arrive en fin d'entretien, c'est-à-dire après trois quarts d'heure d'échanges entre les deux personnes, il est nécessaire de simplifier autant que possible la présentation. Le dessin aidera le prospect à mieux comprendre une solution complexe. Il est très intéressant à utiliser dans le cadre de projets techniques ou chiffrés. Il aidera le commercial à présenter les informations de manière simple, ce qui contribuera à rassurer le prospect sur le fait que le vendeur essaie d'être le plus clair possible. Cela jouera forcément sur la confiance, qui est, je vous le rappelle, un levier d'achat.

Ainsi, la solution doit vendre les bénéfices et avantages des produits et services ; le chiffrage doit être professionnel et maîtrisé ; le commercial a tout intérêt à utiliser des mots simples, un langage clair, une communication cohérente. Il peut s'appuyer de schémas et de dessins réalisés devant son interlocuteur au fur et à mesure de la présentation. Il est donc nécessaire qu'il maîtrise parfaitement la création de ces dessins.

<u>Durée</u> : rapide. Quelques minutes suffisent.

**Phase 6 : chiffrage et négociation (si nécessaire)**

Si le chiffrage de la solution est réalisé chez le client au cours du premier entretien, le commercial doit agir de façon tout aussi professionnelle que pour les phases précédentes. Le prospect ne doit avoir aucun doute quant à la qualité du chiffrage. À aucun moment, il ne peut douter de l'exactitude des chiffres qui lui sont présentés.

Le vendeur a créé un climat de confiance depuis le début de l'entretien. Cela a contribué à créer une charge émotionnelle positive. Nous en reparlerons plus tard.

Durant la phase de chiffrage et de négociation, le client peut ressentir des émotions négatives, du stress ou de l'inconfort. Cela est tout à fait normal puisque l'on aborde un point sensible : l'argent. À partir du moment où vous touchez à cette corde, il faudra la faire vibrer à votre avantage.

Si votre nouvelle solution a un prix inférieur à son ancienne solution, cela sera plus simple que si le prix est plus élevé. Encore faut-il qu'elle réponde parfaitement à ses besoins et qu'elle soit aussi dans le tarif attendu.

Si le prix est identique à son ancienne solution, vous aurez l'avantage en lui apportant du matériel neuf ou un support supplémentaire. Néanmoins, si le prospect ne connaît pas votre société, il faudra tout de même le rassurer sur votre capacité à assurer un service similaire ou meilleur que celui de son prestataire actuel. *Pourquoi changer de fournisseur si c'est pour payer la même chose chez un autre que je ne connais pas, et qui risque d'être plus mauvais que mon fournisseur actuel ?* C'est le genre de réflexions que vous pourriez entendre.

Si votre prix est supérieur à son ancienne solution, il faudra impérativement lui apporter un bénéfice supplémentaire. Vous pourrez faire valoir certains avantages que son ancienne solution n'offrait pas : sécurité supplémentaire, matériel neuf, garantie de remplacement, offre exclusive, tarif dégressif sur des consommables...

Si vos prix sont dans la logique du marché et que vous répondez précisément à ses besoins, il y a des chances pour qu'il ne soit pas nécessaire de négocier.

Dans le cas où il souhaiterait tout de même négocier, il faudra vous préparer à revoir votre prix à la baisse, à lui apporter quelque chose de complémentaire ou à lui faire un cadeau.

Durée : très rapide. Une minute est parfois suffisante.

Les documents : une fois que le prospect donne son accord par un « oui » ultime qui a fait résonner l'ensemble de la colonne vertébrale et de la moelle épinière du vendeur, il s'agit de remplir les documents administratifs : bon de commande, contrats et documents divers qui engageront l'entreprise du client.

Une fois de plus, le remplissage de ces documents doit être professionnel, maîtrisé, fluide et rapide. Le client doit voir qu'il a en face de lui un vendeur expérimenté qui a l'habitude de remplir ces documents. Aucune hésitation n'est permise. Quelques signatures et cachets du client valident les contrats.

Durée : très rapide aussi. Maximum 5 minutes.

**Phase 7 : le closing**

Ne commettez pas l'erreur que font de nombreux jeunes commerciaux : partir précipitamment.
Il est important de rassurer le client à la fin de l'entretien. La phase de chiffrage et de négociation a peut-être créé un doute chez le client. Les émotions négatives ont pu altérer la confiance que le commercial a essayé d'établir depuis le début d'entretien.
Le closing permet de rassurer le client et de verrouiller la vente. Il s'agira de l'informer sur les suites de cet entretien. Informez-le des étapes suivantes. Dites-lui que vous allez rentrer au bureau et qu'il sera contacté rapidement par une assistante. Même si cela vous paraît évident, il est possible que ce ne le soit pas pour votre interlocuteur. Cela le rassurera sur vos compétences et votre fiabilité, ainsi que sur la confiance qu'il peut avoir en votre société.
N'oubliez pas qu'un doute dans l'esprit du client pourrait

l'inciter à tenter d'annuler la commande avant même que vous soyez de retour au bureau. Un e-mail est vite envoyé.
Par exemple : *Je vais à présent rentrer au bureau administrer votre dossier. Vous serez contacté prochainement par Patricia, mon assistante pour préparer la mise en place. Avant la fin de la semaine, un technicien prendra contact avec vous pour prendre la dimension de votre local. Il aura besoin de données techniques concernant...* Bien entendu, cette phrase doit être adaptée à votre activité.

Durée : 1 à 2 minutes

**Phase 8 : la prise de congé**

Quand le commercial arrive chez le client, il lui montre des intentions pacifiques et positives. En lui montrant qu'il est quelqu'un d'agréable, le prospect ressent une diminution du stress lié à l'inconfort de la relation.
À la fin de l'entretien, il est important que le client garde un dernier souvenir positif de cette relation. Le commercial doit redevenir le *bon gars sympa* du début, en parlant de banalités et de choses sans importance. Ainsi, vous allez reprendre la route, et vous trouver de nouveau dans les embouteillages, affronter la tempête de l'hiver ou la chaleur de l'été. Vous pouvez aborder ces sujets, car ils appartiennent aussi au quotidien des clients.

Durée : 2 à 4 minutes.

— Je te disais que Jean-Noël n'a aucun mérite dans ses ventes. Il ne fait que dérouler la trame. C'est facile, il suffit de l'apprendre par cœur. Alors que nous… enfin, Anne et moi, eh bien on y ajoute des trucs de psychologie !

Ses yeux brillent de fierté. J'ai l'impression de voir une caricature du vendeur prêt à vendre sa mère pour signer un nouveau bon de commande.

— J'ai vu que ton style est différent de Jean-Noël, mais il y a quand même quelque chose qui est similaire chez vous deux : j'ai l'impression que le client dit tout le temps « oui ».

— Exact ! Ça fait partie de la méthode. Il faut poser les questions de façon à ce que le client réponde tout le temps « oui ». On ne lui laisse pas la possibilité de dire « non ».

En voyant que je suis surpris par cette technique, il ajoute :
— Ça, c'est la méthode de base qui consiste à faire dire « oui » des dizaines, voire des centaines de fois, au client. Il le fait naturellement, il ne s'en rend pas compte. Il dit « oui », avec ses mots. Il fait « oui » de la tête. Cette technique aide le vendeur à finaliser la vente. À la fin de l'entretien, il a dit tellement de fois « oui », qu'il ne peut plus dire « non » !

**<u>NOTE</u> : Les validations multiples**

La méthode des validations multiples consiste à pousser le client à dire de nombreuses fois « oui ». Cela provoque un conditionnement ayant pour objectif de créer un réflexe utilisant une erreur de perception. À force de dire « oui », l'interlocuteur n'est plus capable de dire « non ». Bien sûr, il pourra toujours refuser la proposition. Il aura toujours la capacité de dire « non », mais ce sera plus difficile pour lui. Utilisées avec une technique de questionnement en entonnoir, les validations multiples permettent de fermer des verrous aux différentes étapes de l'entretien client, tout en plaçant l'interlocuteur dans une logique positive.

— Ça marche vraiment à tous les coups ?
Cela me paraît bizarre.

— Naaan, ça ne marche pas à tous les coups si le vendeur le fait de façon mécanique et sans s'intéresser à son client. C'est ce qui fait la différence entre Jean-Noël, et nous, les vrais vendeurs ! Jean-Noël applique scrupuleusement la méthode et la structure de vente. Par contre, il ne regarde pas le client. Il se contente de poser les questions et note un maximum de choses parce qu'il ne veut rien louper. En fait, en faisant ça, il rate énormément d'informations que le client lui donne involontairement. En plus, il ne fait pas ce que nous faisons pour conditionner le client. Résultat, il perd des ventes. Tant mieux pour nous, nos résultats sont meilleurs que les siens !

— Pour conditionner le client ? Le conditionner pour faire quoi ?
Cela m'intéresse de plus en plus.

Il me regarde d'un air interrogateur.
— Pour le conditionner à signer !
Il laisse un silence de deux secondes.
— Un commercial a un seul objectif : faire signer des bons de commande. Plus t'en signes, plus tu fais de la marge, plus tu fais du chiffre d'affaires et plus tu gagnes ! Tes commissions sont directement reliées au chiffre d'affaires et à la marge. Donc, avec Anne, on a mis en place une stratégie ultra-puissante pour faire signer les clients en un minimum de temps. Concrètement, mon objectif est de signer au premier rendez-vous. Il peut m'arriver de revoir le client pour lui présenter une offre complexe, ou s'il manquait un décideur au cours du premier rendez-vous, ou aussi s'il n'a pas pu se décider tout de suite. Mais mon premier objectif sera toujours de le faire signer tout de suite. Et notre méthode, à tous les deux, nous permet de le conditionner pour le faire signer !

Un rayon de soleil pénétrant par la fenêtre à côté de lui illumine la pièce, rendant ainsi son sourire encore plus étincelant que jamais, comme dans une publicité Colgate. Ses yeux brillent de plaisir.

— Je t'explique. C'est relativement simple, mais écoute bien, car c'est hyper-important de te représenter le fonctionnement dans l'ensemble de l'entretien avec le client, c'est-à-dire dans la structure d'entretien que je viens de te présenter.

J'acquiesce d'un « oui » de la tête avec un léger sourire.

— T'as remarqué que quand nous sommes arrivés chez le client, je ne lui ai pas posé tout de suite des questions sur lui ou sa société. J'ai essayé d'être sympa, agréable et souriant.

— Oui, j'ai vu. Jean-Noël a fait cela aussi.

— Pas tout à fait. Jean-Noël *essaie* de faire cela. En fait, il veut montrer qu'il est sympa parce que cela fait partie de la première phase de la structure de l'entretien. Mais il le fait mal ! Ce sont les détails qui font la différence. Quand on est sympa avec un client, il faut que cela soit sincère. Un vrai sourire n'est pas une grimace. Il faut que l'ensemble de notre comportement soit en phase avec ce qu'on dit. Si je dis au client *je suis heureux de vous rencontrer Monsieur*, il ne faut pas que ce ne soit que des mots. Il faut que tout le corps transmette ce message. C'est ce que j'ai appris avec Anne. Le comportement du vendeur est essentiel pour influencer le client. Beaucoup de vendeurs font la même chose que Jean-Noël : ils disent quelque chose, mais leur comportement exprime autre chose. Ce point de détail est très important, car il fait la différence entre les bons et les mauvais commerciaux.

Je continue à écouter en essayant de me remémorer la façon de faire de l'un et de l'autre. J'avoue que je n'ai pas prêté attention à ce détail, car il y avait beaucoup de choses à voir dans les deux entreprises en arrivant.

— C'est l'un des principes de base de la communication : il faut être sincère avec son interlocuteur. Quand tu dis quelque chose, il faut que ton comportement exprime la même chose. S'il y a un décalage entre ce que tu dis et ce que tu montres involontairement à ton client, parce que ton comportement n'est pas adapté à tes paroles ou à la situation, alors ton client aura l'impression que tu es incohérent. Il ne pourra pas te faire confiance. Et s'il n'a pas confiance en toi, il n'achètera pas ! C'est aussi simple que ça !

Il s'arrête un instant et écrit sur le tableau le mot CONFIANCE.

— Voilà ce que tu dois absolument créer chez ton client : la confiance. C'est essentiel pour vendre. Ton client peut ne pas avoir confiance en tes produits, ou en la solution que tu proposes, même si elle est très bien techniquement. Il peut douter des services tels que la maintenance ou les avantages associés que tu peux lui proposer. Dans tous les cas, il faudra le rassurer. Il est possible qu'il ait lu ou entendu des infos négatives sur l'entreprise ou sur nos produits. On trouve de tout sur Internet, et les avis négatifs peuvent nous faire rater des ventes. C'est pour ça qu'il est important que ton client ait toujours confiance en toi. Certains clients achètent des produits chez nous parce qu'ils ont confiance en nous. Et pourtant, ils ont lu des avis défavorables sur Internet, notamment sur les comparateurs de produits. De même que le prix n'est pas important. Si le client a confiance, il acceptera de payer un certain prix. Ce n'est pas forcément le vendeur qui a le prix le plus bas qui vend. Beaucoup de clients cherchent la sécurité et la fiabilité plutôt qu'un prix bas. C'est surtout vrai pour les clients professionnels comme les nôtres. Donc, la confiance est un élément fondamental dans le déclenchement de la vente.
Serge s'assoit de nouveau et me regarde en attendant une réaction.

— OK, je comprends bien, mais comment arrives-tu à avoir la confiance d'un client ou d'un prospect, qui ne te connaît pas et que tu n'as jamais vu avant ? Tu me dis que quand il signe un bon de commande avec toi, c'est parce qu'il a confiance en toi. Comment fais-tu cela en seulement une heure ? Il m'a fallu six mois pour faire confiance à mon voisin de palier…

Il me sert une nouvelle fois son sourire plus blanc que blanc.

— T'inquiète, c'est simple. Il faut être positif, du début à la fin de l'entretien. Toujours être très positif. Quand t'arrives, il doit voir que t'es sympa, il doit le sentir. Et cette sensation, il doit l'avoir du début à la fin de l'entretien. Il s'attend à rencontrer un pro en qui il peut avoir confiance, qui connaît son métier et qui est efficace. Alors, donne-lui ce qu'il attend ! Anne te dira qu'il faut créer des émotions positives. Elle adore répéter ça tout le temps. Mais elle a raison ! C'est ce que nous faisons dans tous les entretiens avec nos clients. Nous leur apprenons à dire « oui ». Nous les plaçons dans une logique positive. Les clients doivent nous voir comme des partenaires sympas, agréables, avec qui ils ont envie de travailler. La présentation au départ a pour objectif de rassurer les clients, donc de créer une certaine confiance. Quand j'ai posé dix mille questions au client sur sa société et son fonctionnement, ce n'était pas juste pour collecter des infos comme l'a fait Jean Noël hier. Évidemment, j'ai besoin d'infos pour imaginer la solution à apporter. Il faut d'ailleurs que ça aille très vite, parce que je dois pouvoir lui amener une solution concrète sur mesure en une heure. Mais ce qui est le plus important, c'est d'établir un vrai contact avec lui, et de le faire parler. Et quand je reformule ce qu'il a dit, ou quand je lui pose une question, je m'arrange toujours pour que sa réponse soit positive. J'évite les négations au maximum. Le client doit me dire « oui », il doit penser que je suis agréable, que je connais mon métier, et que je suis là pour l'aider. Mon métier consiste à conditionner le client du début à la fin de l'entretien. Anne te le dira : *crée des émotions positives et tu signeras des commandes*.

— OK ! Oui, je vois. Mais comment dois-je faire ? Je dois le faire rigoler ? Je n'ai jamais entendu parler de ce concept d'émotions positives, sauf dans les techniques de drague… Et je n'ai jamais été bon à ce jeu-là…

— Mais non ! Tu fais exactement ce que je viens de te dire et tu verras que ça marchera ! Sois agréable et sympa du début à la fin de l'entretien, et à chaque fois que t'es en contact avec le client. Montre-lui toujours que t'es un pro, que tu connais ton métier, que tu maîtrises tes produits et services, et apporte une solution sur mesure qui répond parfaitement à ses besoins. Mets tout ça dans la structure de relation client et tu verras que t'y arriveras. Demain, tu iras en rendez-vous avec Anne. On a le même mode de fonctionnement, ça te fera une répétition de ce que t'as vu aujourd'hui. N'hésite pas à lui poser des questions, c'est elle la psy ! Et puis tu sais, le monde ne s'est pas fait en un jour ! Il faut que tu ailles sur le terrain, que tu testes, que tu expérimentes les techniques. En fait, il faut que tu te fasses ta propre expérience !

— Le manager m'a dit que je dois être très vite opérationnel.

— Oui ! Il a le feu aux fesses ! Les résultats sont mauvais, parce que les objectifs sont trop élevés. Nous avons des objectifs pour trois alors qu'on n'était que deux vendeurs avant que t'arrives. T'imagines le stress ? Mais t'inquiète, si t'es bon, t'as toutes tes chances. Jean-Noël n'a pas le temps de recruter un autre commercial et de le former. Si les chiffres n'augmentent pas rapidement, il aura le big boss sur le dos. Et crois-moi, il fera tout pour éviter ça. Si t'es bon, tu pourras vite gagner de l'argent ici ! On a de super produits, une excellente méthode de vente et la meilleure équipe de la ville !

Il m'éblouit une nouvelle fois avec un sourire lumineux de blancheur extrême. Je me demande si la couleur de ses dents est vraiment naturelle.
Sa présentation m'a rassuré. Je comprends mieux maintenant comment les commerciaux arrivent à vendre rapidement des solutions aussi complexes à des clients qu'ils ne connaissent pas. C'est surprenant que cette méthode ne soit pas plus connue. C'est tout aussi surprenant que les clients ne soient pas plus méfiants. Si j'étais acheteur, je me méfierais du vendeur trop sympa. Cela dit, il m'a aussi avoué qu'il ne réussit pas à vendre à tous les coups. Il y a donc certaines choses qui lui échappent. D'un autre côté, il a raison au sujet de la confiance. J'avais déjà remarqué cela quand les clients venaient acheter un canapé ou une table de salon. Ils achetaient dans mon magasin parce qu'ils avaient confiance, parce que le magasin est connu pour avoir un bon service de livraison, un service après-vente impeccable, et que les clients y sont bien reçus. Mon patron avait installé un bar au centre du magasin. C'est un petit plus apprécié des clients qui m'a déjà aidé à remporter un certain nombre de ventes. Quand un vendeur flaire qu'un client est intéressé par un produit, il l'invite à prendre une boisson chaude au bar. Comme le disait mon ancien patron : *fais boire tes clients et ils t'achèteront !* Ils avaient le choix entre du café, du chocolat chaud et du thé. Nous

leur servions aussi des chocolats et quelques petits gâteaux. Nous avions toujours aussi des biscuits sans sucre pour ceux qui préfèrent ceux-là. Cela rajoute un côté convivial, mais pas seulement. Mon ancien chef a mis en place cette règle de fonctionnement après avoir remarqué que les clients achetaient plus facilement après avoir bu une boisson chaude.

**NOTE : La chaleur**

Plusieurs études ont montré les bienfaits de la chaleur pour créer des émotions positives. La chaleur nous réconforte. Que ce soit en prenant une douche chaude ou en buvant une boisson chaude, nous en ressentons les bienfaits sur notre moral. Le processus est inconscient, mais bien réel. Offrez un chocolat chaud, un café ou un thé à votre client, et vous créerez inconsciemment chez lui des émotions positives. Bien sûr, à condition que votre boisson soit bonne ! Si vous lui servez un café de mauvaise qualité, cela pourrait lui laisser une mauvaise impression de votre entretien.

— Quentin, il faut qu'on avance. J'ai un rendez-vous en fin de journée, mais je vais y aller seul, car c'est à côté de chez moi et je ne repasserai pas au bureau. Patricia n'est pas là, je vais devoir gérer l'administratif seul. Ça va aller, mais c'est un peu long. Et puis surtout, j'ai peur d'oublier des choses. On a un système de double contrôle pour éviter les erreurs. Habituellement, les commerciaux relisent rapidement les documents signés avec le client, et nous les lui transmettons. Ensuite, elle les vérifie à son tour et les fait suivre à la compta et au service technique. Le fonctionnement est très simple. Il faut bien vérifier qu'aucune signature ni cachet du client n'ont été oubliés.

Il cherche rapidement dans sa pochette un formulaire qui contient les documents de la vente.

— Tu vois ce document ? C'est le document le plus important de la vente. C'est le premier doc qui doit être traité. Il s'agit du formulaire qui va être envoyé à notre partenaire financier avant même que le dossier soit traité par les autres services. Cette société nous permet de proposer un crédit à nos clients. Ils ne paient jamais leurs solutions en une seule fois. Les montants seraient trop élevés pour des petites PME. Nous ne pourrions pas vendre, ou seulement avec une marge extrêmement basse. Donc le meilleur moyen que nous ayons trouvé pour vendre beaucoup à n'importe quel client, même des toutes petites entreprises, c'est la location financière. Le client paie un petit montant tous les mois, comme un abonnement, pendant toute la durée du contrat. Donc le montant total de la solution globale est divisé par 60 mois, puisque le contrat est établi sur une durée de 5 ans. Cela permet de faire fondre le prix pour que ça reste acceptable pour presque n'importe quel client. Par contre, il faut absolument que la banque donne son autorisation pour ce crédit. Il est tout à fait possible qu'elle refuse. Ça m'est arrivé la semaine dernière...

Je le regarde l'air interrogateur. Il poursuit.

— Ouais, même les clients professionnels peuvent avoir des problèmes de trésorerie, ou avoir plusieurs crédits en cours. Pour le coup, il s'agissait d'un club de remise en forme très luxueux. Au début, je pensais que le client avait les moyens de payer. Carrément pas ! Je suis rentré au bureau juste après pour travailler sur le dossier technique, et Patricia est arrivée quelques minutes plus tard en me disant que la banque refusait de nous suivre. Apparemment, il avait plusieurs gros crédits en cours. Ça craint !

— Ah, c'est moche ! Et alors que s'est-il passé ?

— Eh bien, c'est très simple. J'ai informé le client du refus de la banque. Je lui ai proposé de payer au comptant, donc en une fois tout de suite, avant l'installation du matos. Et comme d'hab dans ces cas-là, le client a refusé. J'ai donc perdu du temps avec lui, mais tant pis, ça fait partie du jeu…

Il a une mine triste et dégoûtée par ce qu'il lui est arrivé.

— Et mis à part cela, y a-t-il d'autres possibilités ? Je veux dire par là, est-il possible d'éviter de perdre la vente ?

— Ben ouais ! Il y a toujours une solution ! Noetramus pourrait prendre le risque à sa charge. Nous pouvons accepter ce contrat sans passer par une banque. Le client nous paie alors en direct le montant de la location financière, tous les mois, comme si on était sa banque. Nous l'avons fait une fois avec un petit client de Jean-Noël. Il était certain que ce client était sérieux. Le montant n'était pas très élevé, c'est pour ça que nous avons pris le risque. Huit mois plus tard, il a déposé le bilan et a cessé de payer. Nous sommes allés chez lui pour récupérer le matériel, mais il n'y avait plus rien ! Les bureaux étaient vides et le client a dit que tout le mobilier avait été saisi. Nous lui avions vendu trois ordinateurs et deux imprimantes. C'est la dernière fois que nous avons accepté de fournir du matériel sans être couverts par une banque.

— Effectivement, les risques sont élevés…
J'imagine l'ampleur du problème et le stress du manager.

**NOTE : La location financière**

Ce système de location financière est utilisé dans de nombreux secteurs d'activité. Une entreprise transmet le contrat à un organisme financier qui se charge du prélèvement tous les mois. Cela permet à la société d'être payée immédiatement du montant total de sa facture, tout en reportant le risque sur son partenaire financier. En cas d'impayé, l'activité de la société ne sera pas impactée. Le client gérera ses difficultés directement avec l'organisme financier.
La location financière sur 3 ans (36 mois) ou 5 ans (60 mois) permet de faire fondre le prix total de la solution. C'est toujours plus facile de convaincre le client d'acheter une solution globale, un produit ou un service, à 80 euros par mois, plutôt que de payer une fois 4.800 euros (surtout s'il ne vous connaît pas). C'est l'un des éléments qui permet de signer un contrat avec un prospect en seulement une heure. Cependant, un petit montant mensuel peut demander autant de temps de réflexion qu'un gros montant.

— Donc maintenant, on ne prend plus de risques ! Si la demande est rejetée, nous proposons un paiement immédiat. Si le client refuse, nous cassons le contrat. Nous pouvons le faire, c'est précisé dans les conditions générales de vente.

— Il faut beaucoup de temps pour savoir si c'est accepté ou refusé ?

— Ça va très vite ! Patricia envoie la demande à l'organisme financier et nous avons généralement la réponse en moins d'une heure. Quand la réponse est positive, elle va voir Fred au service technique. Il vérifiera si t'as indiqué la demande dans le système informatique et il validera ensuite la faisabilité. C'est pour ça qu'il ne faut pas vendre n'importe quoi ! Il faut faire attention à ce qu'on propose au client, sinon il refusera l'installation.
Il fait une courte pause et ajoute :

— Fred, c'est le chef du service technique. Il est un peu bourru, mais il est très sympa, tu verras. Bref, Fred contactera le client pour convenir d'une date d'installation du matériel. Il est possible aussi qu'il prenne rendez-vous avec le client s'il a besoin de prendre des mesures ou de s'assurer de la faisabilité technique sur le site. Si tu vends un gros photocopieur à une toute petite entreprise, il est possible qu'il n'y ait pas suffisamment de place ! Hey, faut faire gaffe ! C'est le genre de détails qui peuvent casser ta vente ! C'est la même chose pour d'autres produits. Par exemple, si tu vends un réseau informatique, il faudra penser au câblage. Dans certains cas, le réseau sera complexe et nécessitera la visite d'un technicien avant l'installation. J'aime bien vendre des ordinateurs portables, c'est plus facile à installer. C'est juste des boîtes à déplacer.
Il me fait un clin d'œil.

— Encore un point important. Tu dois toujours créer l'affaire dans le logiciel de gestion client dès que tu rentres de rendez-vous. Dès que t'arrives au bureau avec ton bon de commande signé, il faut que tu vérifies qu'il y a toutes les signatures et tous les cachets du client. Des coups de tampon partout. Paf, paf, paf !
Il fait des gestes mimant le client en train de tamponner le bon de commande.

— Ensuite, tu transmets la demande de financement à Patricia. Là, ça prend environ une heure avant que t'aies la réponse. Pendant ce temps, tu renseignes la fiche du client sur ton ordinateur et t'indiques précisément ce que t'as vendu : quel matériel, combien de postes, quels logiciels, les services, la maintenance, tout ça... Quand Patricia aura obtenu la validation de la banque, elle transmettra directement les docs techniques à Fred. S'il ne trouve pas ton affaire dans le système informatique, correctement renseignée, il mettra ton dossier sur une pile en attente. Et là, généralement, c'est pas bon signe… Fred est sympa, mais il déteste perdre son temps avec l'administratif.

— OK, je vois. Il est un peu comme Jean-Noël, il faut toujours bien remplir la fiche du client sur ordinateur.

— Pas tout à fait. Pour Fred, l'important est d'installer le matériel chez le client et que ça fonctionne. C'est pour ça qu'il est payé, et il a bien compris qu'il a intérêt à perdre le moins de temps possible. Alors que pour Jean-Noël, l'important est de remplir les fichiers informatiques. Fred veut aller vite et gagner du temps et Jean-Noël nous en fait perdre avec son système informatique tordu.

Apparemment, ce Fred semble avoir aussi un sacré caractère. Encore un qui est contre le manager commercial…

— Et après ?

— Après ? Rien, tu cherches d'autres clients !

Cela ne semble pas si compliqué. J'ai bien compris qu'il y a des procédures à respecter pour ménager les susceptibilités des uns et des autres. Mon nouveau chef qui est à cheval sur le remplissage des fiches informatiques des clients ; le responsable technique qui a besoin d'avoir toutes les informations avant de démarrer une nouvelle affaire, c'est normal ; et Patricia qui a un rôle de vérification et de transmission des documents. Cela me paraît simple.

Serge me montre ensuite les points clés à vérifier sur les documents. Il passe plusieurs appels, dont un à l'organisme financier et un autre à l'équipe technique dès qu'il a reçu la confirmation de l'acceptation du dossier par la banque. C'est effectivement très rapide !
L'encodage de l'affaire dans RAM16, le super outil de relation client, m'a donné mal à la tête. N'importe quel utilisateur de RAM16 aurait qualifié ce logiciel d'usine à gaz. Il a pourtant coûté une fortune à Noetramus. Jean-Noël en a validé l'achat et les développements supplémentaires, maintenant il faut l'utiliser ! Je sens que cela va me demander beaucoup de temps pour apprendre son fonctionnement.

— Quentin, je dois te laisser. Je vais à mon rendez-vous. Je te laisse jouer un peu avec RAM16. Amuse-toi bien, et ne casse pas tout ! Si tu vois Anne, dis-lui que je ne reviens pas. T'inquiète pas pour la porte ce soir, un des technos la fermera. D'ailleurs, je te conseille d'aller faire un tour du côté de la machine à café quand ils prennent leur pause. Tu pourras faire connaissance. Il faut t'intégrer rapidement dans leur équipe.

Il enfile son manteau et son bonnet avec un pompon qui me rappelle un instant celui que ma mère m'avait tricoté quand j'avais huit ans.

Il me salue rapidement et quitte le bureau. Étant seul dans le froid de cette fin de journée, j'en profite pour découvrir les écrans de RAM16 tout en prenant des notes sur son fonctionnement.
À 18 heures, je ferme la porte derrière moi et je quitte la société après avoir salué les techniciens et le comptable.
Cette deuxième journée a été très instructive. J'ai appris énormément de choses et j'ai hâte de rencontrer mon premier prospect et d'en faire un client.

**NOTE : Les procédures chronophages**

Les procédures font partie du quotidien des salariés. Il est souvent demandé aux vendeurs de remplir des fiches clients le plus précisément possible. Cela permet aux managers de suivre leurs activités quotidiennes tout en garantissant l'atteinte des objectifs. Certaines entreprises mettent en place des procédures très lourdes et des outils peu optimisés, ou beaucoup trop complexes. Malheureusement, il arrive souvent que les commerciaux se plaignent de passer énormément de temps à remplir ces fichiers clients. L'outil informatique peut devenir très vite contraignant et chronophage.

Si vous êtes manager, posez-vous les deux questions suivantes :
— Est-il normal qu'un vendeur passe un quart, voire un tiers de son temps, derrière un ordinateur ?
— Ne serait-il pas préférable qu'il soit sur le terrain, en train de transformer ses prospects en clients ?

19 h 53. Je suis seul chez moi et il fait froid. Assis dans le canapé, j'attends le journal télévisé. Les publicités m'assomment et je laisse mon esprit vagabonder au gré de mes pensées. Je réalise qu'il faudrait que je passe un peu de temps régulièrement pour ranger mon salon. C'est sûrement pour ça que Lucie évite de venir. Elle est un peu maniaque et je suis désordonné. En fait, ce n'est pas trop le désordre qui pose un problème, mais plutôt la couche de poussière qui s'accumule partout. Et puis, il n'y a pas que le salon qui témoigne de cette négligence ménagère. À y regarder de plus près, les lampes autrefois blanches sont devenues grises. Quelle idée d'avoir acheté des meubles noirs qui rendent la poussière encore plus visible, et des accessoires blancs qui deviennent gris si je ne fais pas le ménage au moins une fois par mois !
Il n'y a pas grand monde aujourd'hui sur les réseaux sociaux. Tant pis, je vais regarder un bon film ce soir.

# 4. LES OUTILS

Mercredi 23 janvier 2013

J'ai mal dormi cette nuit. Le chien du voisin a aboyé plusieurs fois, sûrement sans raison comme d'habitude… Je ne suis pas en forme et pourtant il va bien falloir que je le sois, vu ce qui m'attend...

8 h 55. J'arrive au bureau en même temps que Serge. Anne arrive à 9 h 01 et s'installe immédiatement à son poste de travail. À peine elle a démarré son ordinateur qu'elle se met à taper sur son clavier, laissant glisser ses doigts sur les touches comme une araignée se déplaçant sur un carrelage glissant.

Je dois l'accompagner ce matin pour un rendez-vous qui devrait être intéressant. Cette société propose de la location d'espaces de stockage pour des professionnels et des particuliers. Connaissant maintenant l'activité de Noetramus, j'ai un peu de mal à voir ce qu'elle va bien pouvoir vendre. Autre point intéressant, le gérant de la société est un professionnel des achats, un ancien de la grande distribution. À la différence des deux chefs d'entreprise que j'ai rencontrés avec Jean-Noël et Serge, celui-ci sait acheter. Ce dernier point pourrait rendre l'entretien captivant.
Le rendez-vous étant programmé pour 10 h 30, nous partons à 9 h 45. Visiblement, Anne a sous-estimé le temps de parcours. Il faut dire que les routes sont saturées ce matin... Le temps de garer la voiture, il est 10 h 37 quand nous arrivons enfin chez le client. C'est un bâtiment de taille moyenne, situé dans une zone industrielle. Il n'y a pas d'accueil ni de poste de sécurité. La porte d'entrée donne directement sur un petit bureau où s'activent trois personnes à des tâches diverses. Du premier coup d'œil, il m'est impossible de deviner ce qu'elles font.

Une personne s'approche de nous dès notre arrivée.

— Bonjour, nous sommes de la société Noetramus. Je suis Anne Maitthes et j'ai rendez-vous avec Monsieur Delpierre.

— Bonjour, c'est moi-même. Je vous attendais. Vous êtes en retard !

Ouh là là. Il n'a pas l'air très sympa celui-là ! Ça commence mal...

— Bonjour, Monsieur Delpierre, je suis sincèrement désolée pour ce petit retard. La route est parfois imprévisible. Monsieur Delpierre, je vous présente tout de suite mon nouveau collègue, Quentin Buriant. Il est arrivé cette semaine dans notre société.

— Bonjour Monsieur Buriant. J'espère que vous serez plus ponctuel que votre collègue.
Aie ! Une boule monte dans ma gorge. Je ne sais pas quoi dire. Aucun mot ne me vient à l'esprit. En un instant, ma bouche est sèche et ma langue semble coller à mon palais. Je lui adresse un sourire de politesse.

— Je suis sûre que Quentin et moi-même pourrons répondre au mieux à vos attentes, Monsieur. Une nouvelle fois, nous sommes désolés de vous avoir fait attendre et je vous propose de démarrer tout de suite notre réunion. Je m'engage à tout faire pour ne pas vous mettre en retard et nous terminerons à l'heure prévue.

Elle est rassurante et très professionnelle. Il lui coupe presque la parole avant qu'elle n'ait terminé sa phrase.

— Oui oui ! De toute façon, j'ai un autre rendez-vous après vous. Je dois être dans le bâtiment principal à 11 h 30. Il faudra que nous ayons terminé pour 11 h 20.
Il parle rapidement en mâchant ses mots comme s'il était pressé d'en finir avec cet entretien qui n'a pas encore commencé.

— C'est parfait Monsieur, nous aurons terminé et vous serez à l'heure à votre rendez-vous.
Anne est calme et je note le ton de sa voix qui est rassurant comme celui d'une mère.

Le chef d'entreprise la regarde de haut avant de prendre rapidement la direction du couloir de droite. Nous le suivons jusqu'à son bureau.

— Asseyez-vous !
Cette fois, le ton est brutal, à la limite de l'agressivité.

Il prend possession de son gros fauteuil en cuir, et nous fait signe de nous asseoir sur les chaises placées devant son bureau.

— Allons-y, qu'est-ce que vous voulez me vendre ?
Il la regarde droit dans les yeux, les coudes posés sur son bureau. Sa mâchoire me fait penser à celle d'un chien prêt à mordre.

Anne s'assied calmement sur le bord de sa chaise. Elle porte toujours son manteau et ses gants en laine. J'attrape rapidement la première chaise à droite et je la rapproche d'elle. Nous sommes maintenant tous les deux assis en face de lui. D'un ton calme et naturel, Anne lui répond immédiatement :
— Je vous ai contacté la semaine dernière, car il est possible que nos services puissent vous intéresser. Comme je vous l'ai dit par téléphone, nous sommes une société dynamique, à la pointe de la technologie. Nous apportons des solutions innovantes à des sociétés comme la vôtre, pour leur permettre d'optimiser les coûts et d'améliorer la productivité. Certaines de nos solutions peuvent vous faire gagner de l'argent, ou faire des économies, d'autres peuvent améliorer votre sécurité. Et vu votre activité, on n'est jamais trop en sécurité.
La voix calme et les gestes lents, elle tire sur le bout des doigts de ses gants pour les retirer.

— J'ai déjà tout ce qu'il me faut. Vous imaginez bien je ne vous ai pas attendus pour m'équiper !
Le ton est sec et orgueilleux. Son ricanement fait résonner sa

voix, lui donnant une impression d'acidité.

La remarque est tout aussi brutale que son accueil deux minutes plus tôt. Le moins que l'on puisse dire est qu'il sait recevoir ses invités…

— Bien entendu, c'est évident. Vous existez depuis plusieurs années, et nous arrivons après nos concurrents. Évidemment que vous vous êtes équipé. Et heureusement, sinon vous n'auriez pas d'activité aujourd'hui.

C'est intéressant, elle va dans le sens du client. Elle ne le contredit pas. Je reconnais la logique positive décrite par Serge hier.

— Monsieur Delpierre, je vous propose de commencer sans perdre plus de temps, car je veux être certaine de vous libérer à l'heure, comme je vous l'ai promis. Vous êtes donc le gérant de cette société ? Êtes-vous seul ou y a-t-il d'autres décideurs ?

— Je suis le seul gérant. La société existe depuis deux ans et demi. Je l'ai créée seul, nous sommes maintenant sept.

— Très bien ! J'ai bien noté que votre société est récente et c'est pour cela que je vous ai contacté. Comme vous l'avez dit tout à l'heure, vous ne nous avez pas attendus pour vous équiper. J'ai plusieurs clients dans votre secteur d'activité et tous ont les mêmes préoccupations : la sécurité. C'est la raison pour laquelle je vous ai demandé par téléphone des informations sur votre système de sécurité. Avez-vous trouvé les références de votre installation ?

Anne dirige directement la conversation sur la sécurité. C'est étonnant. Serge m'a dit qu'il fallait d'abord présenter Noetramus, avec toutes ses activités, pour ensuite savoir de quoi le client a besoin.

— Oui, la sécurité est un point important. C'est bien pour cela que j'ai accepté le rendez-vous. Nous sommes parfaitement équipés en informatique, nous avons aussi tout ce qu'il faut en bureautique. Par contre, l'alarme date de l'ancien propriétaire.

J'ai compris ! Elle est allée à la pêche aux informations avant l'entretien. Elle sait que la société est récente et donc elle ne peut pas remplacer le matériel existant par du matériel neuf. Par contre, quand elle a pris le rendez-vous au téléphone, elle a détecté qu'il y avait un problème sur la sécurité. C'est futé !

— C'est un grand classique Monsieur Delpierre. Quand une société démarre, ses bureaux sont très vite équipés, mais la sécurité est souvent négligée. Et c'est quand il y a un problème que les assurances vous font comprendre que vous avez négligé votre équipement.
Le ton de sa voix est clair et agréable. Elle est très professionnelle dans sa voix et dans ses gestes.
— Je vais vous présenter rapidement Noetramus et ensuite je vais vous laisser nous parler de votre société et de vos attentes.

— Oui, oui, allez-y. Ne perdez pas de temps !
Il agite la main droite, comme s'il faisait tourner un moulin. Il montre son empressement, elle s'exécute en démarrant la présentation.

Anne enchaîne ensuite sur la validation des clés de décision. Elle connaît le timing, elle doit s'assurer qu'il est le seul décideur. Elle valide ensuite les références de l'alarme, ce qu'il ne peut lui fournir précisément. Cette information est importante, car cela indique que la sécurité est déficiente chez ce prospect.
La présentation était brève, mais très efficace et professionnelle. Anne respecte la structure d'entretien à la lettre, telle que je l'ai vue hier avec Serge. L'enchaînement vers la phase de découverte se fait naturellement. Elle pose des questions pertinentes et le chef d'entreprise répond docilement. Ses réponses sont toujours directes et courtes. À plusieurs reprises, Anne est obligée de le relancer pour approfondir les réponses.

**NOTE : Imposer un rythme**

Quand les deux vendeurs sont arrivés, le chef d'entreprise a montré qu'il est chez lui et qu'il est le maître. Il veut dominer l'entretien. La remarque *Qu'est-ce que vous voulez me vendre ?* est utilisée pour déstabiliser l'interlocuteur. Certains acheteurs essaient d'intimider les vendeurs, espérant ainsi les fragiliser et pouvoir négocier plus facilement par la suite.
Anne et Quentin se trouvent chez le client. Ils sont donc en position de fragilité par rapport à celui-ci qui est sur son territoire. Anne a bien compris le jeu du chef d'entreprise. Il lui faut rétablir l'équilibre dans cette relation biaisée dès le départ. En lui proposant de démarrer l'entretien *sans perdre plus de temps*, elle impose son rythme au chef d'entreprise, tout en lui garantissant que l'entretien se terminera à l'heure prévue. Cela devrait rassurer le dirigeant tout en lui montrant qu'il a en face de lui une personne professionnelle.

Assise sur le bord de sa chaise, les jambes croisées, avec un carnet de notes sur les jambes, elle est calme et souriante. Pendant qu'elle écoute les réponses, elle prend des notes sur une feuille ou figurent l'en-tête et le logo de Noetramus. C'est la première fois que je vois ce document. Une colonne est imprimée sur la droite, avec une série de mots écrits trop petits pour que je puisse les lire. Je peux voir aussi une zone en bas de la page, avec plusieurs phrases tout aussi illisibles de ma place. Elle prend ses notes dans la zone centrale avec la même dextérité que Serge, c'est-à-dire presque sans regarder ce qu'elle écrit.

**NOTE : La feuille de découverte**

Le document utilisé par Anne s'appelle une feuille de découverte. Il est utilisé par les commerciaux pour prendre des notes lors des entretiens avec les clients. À la différence d'un bloc de feuilles standard, composé d'une succession de feuilles blanches sans logo ni identification de l'entreprise, la feuille de découverte peut jouer un rôle dans la création d'un lien de confiance entre le client (ou prospect) et le vendeur. La feuille de découverte est un document interne à la société du vendeur. Il s'agit d'un outil d'aide à la vente. Son objectif est de transmettre aux clients l'image d'une entreprise organisée et structurée. Les prospects ou clients voient que les commerciaux disposent d'outils adaptés à leur activité. Cela peut contribuer à les rassurer inconsciemment sur l'organisation et le sérieux du prestataire de services. Bien sûr, c'est un tout petit élément qui peut paraître insignifiant dans la relation client. Néanmoins, ce sont les détails qui peuvent faire la différence lorsqu'il s'agit de choisir un prestataire plutôt qu'un autre.

Autre avantage de la feuille de découverte : sa fonction de mémo. La colonne de droite regroupe une liste des principaux produits et services que les commerciaux peuvent proposer à leurs clients. Ceux-ci sont classés par catégories, dans un ordre logique, pour que le commercial soit capable de les repérer rapidement et sans effort pendant l'entretien. L'objectif étant de ne rien oublier au cours de la phase de découverte des besoins. Pendant qu'il prend les notes, il peut jeter rapidement un œil sur la liste, ce qui pourra lui éviter d'oublier des questions en relation avec des points clés. Le rôle de la phase de découverte est de découvrir des leviers permettant de proposer une solution sur mesure. Cette colonne peut être placée à gauche ou à droite de la feuille, cela n'a pas d'importance. Les mots écrits en petits caractères ne seront pas lisibles par le client.

La zone en bas de la page peut contenir des informations sur l'état d'avancement de l'affaire. Une fois le rendez-vous terminé, il suffit de cocher le numéro correspondant et d'ajouter une date.

Par exemple :

1. Contrat signé
2. Promesse de contrat / idée avancée du projet → date :
3. Devis à réaliser
4. Infos manquantes : à recontacter : → date :
5. Interlocuteur : bon — à recontacter → date :
6. Interlocuteur : mauvais — demander les coordonnées du décisionnaire + infos sur la structure société / groupe
7. Aucun besoin découvert : demander un contact dans une autre entreprise / parrainage (nom + tel + fonction)

Je remarque que sa communication est très naturelle. Son regard est doux et agréable, contrastant presque avec le professionnalisme de sa voix et de ses questions. Elle me fait penser à mon institutrice de CE2. C'était une femme douce et agréable qui s'occupait des enfants de sa classe comme si c'était les siens.
Le chef d'entreprise semble plus détendu qu'au démarrage de la réunion. Ses phrases sont plus longues et ses mots moins durs. Le ton de sa voix a changé. Il y a plus de fluctuations vocales et aussi d'hésitations quand il répond aux questions. Il semble moins sûr de lui. Il est aussi moins hautain et plus accessible. La relation entre lui et ma collègue est plus cordiale et plus constructive.

Après moins de vingt minutes d'entretien, nous sommes tous les trois debout dans un petit local technique dans lequel se trouvent plusieurs appareils, dont le central de l'alarme. La commerciale a très vite compris que c'était le point faible de l'entreprise. Le gérant est conscient des faiblesses de l'installation. Comme je l'ai vu précédemment avec Jean-Noël et Serge, la visite des bureaux permet d'influencer positivement la relation entre les personnes. Anne joue la carte des émotions positives autant que Serge. Mais elle a quelque chose en plus que j'ai du mal à cerner. C'est un peu comme si elle arrivait à anticiper les réactions du dirigeant. On dirait qu'elle adapte sa communication très rapidement en fonction de son interlocuteur, avant même qu'il n'exprime ce qu'il pense. À aucun moment, elle est surprise par ses réactions. Il va falloir que j'éclaircisse ce point-là avec elle. Je suis sûr qu'elle utilise un truc de psy ! Je me demande bien pourquoi elle est devenue vendeuse... Une psy peut très bien gagner sa vie dans un cabinet de ville. Elle serait tranquille, elle travaillerait pour elle et ne devrait pas subir un chef. Moi, je sais pourquoi je suis devenu vendeur : c'est parce que j'avais envie de quitter mon ordinateur. J'en avais marre d'être tout le temps enfermé au bureau, le nez collé sur mon écran. Il fallait que je vois des gens. Alors qu'elle, ce n'est pas pareil, une psy voit des gens toute la journée. Il faudra que je lui demande.
La fin de l'entretien ressemble aux précédentes. Anne fait une

proposition de remplacement de son installation actuelle par un nouveau modèle répondant aux normes les plus strictes. Ce nouveau système d'alarme sera branché sur une ligne téléphonique indépendante. Anne lui promet de réviser son contrat téléphonique dès que celui-ci arrivera à échéance avec son fournisseur actuel. Elle lui a présenté la nouvelle installation sur un schéma rapidement dessiné à la main. La proposition de solution faisait référence à une promotion en cours, arrivant à échéance, dont il fallait rapidement saisir l'opportunité. Ce que le gérant a fait. Il a ensuite signé un bon de commande, un contrat de maintenance sur cinq ans et une demande d'accord de la banque pour une location financière sur la même durée. C'est ce dernier document que Serge m'a présenté hier.

— Madame, vous m'avez mis en retard pour mon rendez-vous. Mais ce n'est pas grave, ils m'attendront.
Son air pincé et hautain contraste avec son attitude détendue et souriante au moment où il a signé le contrat.

Il était 11 h 35, soit quinze minutes de plus que ce que la commerciale avait promis.

— Oups, effectivement, nous sommes un peu en retard. J'en suis désolée. Heureusement, notre entretien a permis d'améliorer considérablement la sécurité de votre entreprise, ce qui est très positif.
Anne s'est exprimée avec un sourire radieux, tout en rangeant ses documents dans son sac.

— Oui, vous avez raison. Vous avez bien fait de me contacter. J'attends l'appel de votre assistante. Je ne vous raccompagne pas, je dois absolument me rendre dans le bâtiment principal.

Après de très brèves salutations, nous quittons l'entreprise et reprenons la route en essayant d'éviter les ralentissements qui nous avaient mis en retard à l'aller. J'en profite pour débriefer cet entretien avec elle. J'ai bien remarqué qu'elle a utilisé la structure de vente. Elle a insisté sur les mêmes éléments que

Serge, à savoir le respect strict des étapes, les validations multiples tout au long de l'entretien, le sourire, les émotions positives ainsi que l'observation attentive du comportement.

— Tu dois essayer de repérer si ses gestes sont en contradiction avec ce qu'il dit. Il peut te dire qu'il est ravi et en même temps se mettre en retrait ou éviter ton regard. C'est une contradiction. Une personne satisfaite de voir la solution que tu amènes, ou à qui le prix convient, n'aura pas peur de te fixer et d'examiner le schéma. S'il est content, cela signifie qu'il ressent des émotions positives vis-à-vis de toi et de ta proposition de solution. Il n'aurait aucune raison de s'éloigner de toi ou de détourner le regard.

Effectivement, j'ai déjà remarqué ce type de décalage chez les clients, mais sans savoir que cela pouvait me servir concrètement dans la vente.

**NOTE : Les variations émotionnelles**

Nos gestes sont en relation avec ce que nous pensons. Bien souvent, nous agissons inconsciemment sans les maîtriser, pas plus que nos interactions avec les objets qui nous entourent. Notre corps est constamment en mouvement et la plupart de ces déplacements sont involontaires. C'est très difficile de maîtriser l'ensemble de notre communication. Notre comportement, les gestes, les fluctuations vocales et les mots expriment de nombreuses choses malgré nous. Pour un regard aiguisé, il est simple de repérer les indicateurs qui trahissent le stress et les changements émotionnels.

Elle a aussi insisté sur le fait qu'il est important de synchroniser son comportement à l'interlocuteur. Serge et Anne ont eu cette attitude avec les clients, qui consiste à imiter leurs gestes. Ils étaient synchronisés à eux. Leurs gestes étaient identiques, comme s'ils se trouvaient en face d'un miroir. Ils marchaient comme eux, à leur vitesse, au même rythme. Assis, ils avaient les mêmes postures et les mêmes mouvements tout au long de l'entretien. Ils ont adapté leurs voix à celle du client, en utilisant le même volume, le même rythme, et la même façon de parler. Ils ont aussi utilisé les mêmes mots. C'est troublant et pourtant tellement naturel. Et maintenant que j'y pense, je fais aussi cela sans y penser. En ce moment même, j'utilise les mêmes mots qu'Anne, assise à côté de moi dans la voiture. Mes intonations et expressions sont aussi comme les siennes. Donc, si j'imite les gestes, la voix et la façon de parler du client, j'aurai plus de chance de lui vendre quelque chose, et cela simplement grâce au principe de synchronisation. Je retiens l'astuce !

**NOTE : La synchronisation**

La synchronisation à l'interlocuteur par imitation de la communication (gestes, voix, et styles verbaux) permet de créer un lien avec lui.
Les recherches en neurologie et les dernières avancées en matière d'imagerie cérébrale ont pu documenter scientifiquement ce phénomène de synchronisation. Nous nous synchronisons inconsciemment aux autres avec qui nous sommes bien, lorsque la relation est paisible, c'est-à-dire qu'elle ne présente aucun danger pour nous. Cette synchronisation est assurée par un tissu neurologique complexe présent un peu partout dans le cerveau : les neurones miroir. Les neurones miroir servent à nous préparer à l'action en renforçant les connexions à notre cerveau moteur. Elles contribuent à synchroniser le comportement et à imiter celui des autres. Cela nous permet de comprendre leurs actions, de façon à réagir ensuite de manière appropriée.

— J'utilise aussi beaucoup les expressions du visage pour me renseigner sur l'état émotionnel du client.

Les yeux rivés sur la route, elle donne plusieurs coups de volant successifs pour éviter les trous causés par les passages trop fréquents de camions. Elle roule trop vite. Je n'aime pas du tout son style de conduite.

— Oui, j'ai aussi vu que Serge fait très attention aux sourires.

Il sourit aussi beaucoup pendant l'entretien. Il essaie de faire rire le client et de le mettre à l'aise.

— Oui, Serge accorde énormément d'importance aux sourires. Mais ce n'est pas tout à fait de cela que je voulais te parler. Quand je suis devant mon interlocuteur, qu'il soit déjà client ou que je ne le connaisse pas, j'ai besoin de savoir ce qu'il ressent au fur et à mesure de l'entretien. C'est plus important pour moi de savoir quelles émotions il ressent, plutôt que ce qu'il me dit avec les mots. Donc, j'observe attentivement les expressions de son visage pour avoir des indications sur l'évolution de ses émotions.

— Tu fais ça pendant tout le rendez-vous ?

— Quand on est en face d'un acheteur professionnel, ou simplement un chef d'entreprise qui sait acheter, il faut être plus fort que lui ! Donc j'utilise la science et les recherches sur les émotions pour m'aider à vendre !

Elle donne un vif coup de frein pour éviter de justesse une vieille dame qui traverse sur le passage pour piétons.

— Mais comment tu fais ? Tu le regardes dans les yeux pendant une heure ?

— Ha ! Ha ! Ha ! Non, bien sûr ! Je le regarde peu dans les yeux. Ce qui m'intéresse, ce sont les expressions réflexes qui apparaissent sur son visage très rapidement. Il peut avoir envie d'exprimer qu'il est perturbé par la situation actuelle de sa société, dans ce cas il va montrer une expression de tristesse.
Elle se tourne vers moi en me faisant un regard triste avec une moue comme si elle était prête à pleurer. Elle continue à parler :
— S'il est content, il sera souriant. Ou au contraire, il sera peut-être en colère, et ce sera visible sur son visage. Toutes ces expressions sont produites volontairement par une personne qui veut te montrer une émotion. Elles servent à appuyer les mots. La personne te dit quelque chose et son visage sert à renforcer son message. On le fait tous, et tu l'as fait aussi il y a une minute

quand tu m'as demandé si je faisais ça pendant tout le rendez-vous. Tu étais surpris et tu as voulu montrer ta surprise en insistant sur l'expression de ton visage.

Je la regarde avec méfiance. Elle m'explique quelque chose en se servant de moi comme d'un cobaye. Elle m'a donc observé et analysé quand je lui ai posé cette question. Il va falloir que je fasse attention à mes expressions.

— Euuuh, oui… Enfin, c'est normal…
J'étais vraiment surpris.

— Oui Quentin. Je te crois, mais il faut que je t'explique quelque chose de très important.
D'un geste brusque du volant, elle gare la voiture sur le côté de la route, dans un espace normalement réservé aux livraisons d'un magasin d'alimentation. Elle se tourne vers moi et m'explique ce qui semble être une évidence pour elle.
— Quoi que tu fasses, tu ne pourras jamais cacher tes émotions. Quand on ressent une émotion, notre cerveau produit certains comportements réflexes. Les réflexes sont des courants électriques, tu ne peux pas les maîtriser. Quand une personne ressent une émotion, son cerveau envoie un courant électrique qui active certains muscles du visage. Cette activité musculaire est immédiate, extrêmement rapide et complètement incontrôlable. Mieux encore, ces mouvements musculaires sont absolument universels, c'est-à-dire que tout le monde, y compris les grands singes, produit inconsciemment et involontairement des mouvements réflexes sur le visage. Cela s'appelle des micro-expressions. Une personne surprise par ce qu'elle voit ou entend, ou ce qu'elle ressent de manière générale, aura cette expression sur le visage.
Elle simule une expression de surprise très rapide. Ses yeux s'ouvrent grands et s'arrondissent, ses paupières disparaissent rapidement et sa bouche s'ouvre en même temps.
— C'est l'expression de surprise classique. Parfois, la bouche ne s'ouvre pas, ce sont les yeux qui s'agrandissent. Ce qui est important de retenir, c'est que lorsque l'on ressent cette émotion de surprise, on ne pourra pas s'empêcher d'avoir ce geste réflexe

qui dure une fraction de seconde. Or, quand tu m'as posé cette question tout à l'heure, ton expression de surprise était beaucoup trop longue. La surprise est un réflexe. L'expression qui apparaît sur le visage quand la surprise est réellement ressentie est donc très rapide. Elle dure moins d'une demi-seconde. Ce que j'ai pu voir sur ton visage est une expression de surprise simulée. Tu as peut-être ressenti une émotion de surprise, mais quand tu as posé la question, tu as VOULU me montrer que tu étais surpris. Tu as donc créé volontairement cette expression de surprise, mais celle-ci était fausse. Et je le sais, car sa durée était trop longue.

Elle avait raison… une vraie psy !

— Qu'est-ce qui prouve que la personne ressent vraiment une émotion ? Et d'ailleurs, comment utiliser cela pour vendre ?

— Bah, c'est très simple ! Cela fait plusieurs dizaines d'années que les micro-expressions ont été découvertes. Il y a eu énormément d'études dans ce domaine depuis les années soixante-dix. Cela a permis notamment l'élaboration d'outils et de méthodes de surveillance utilisés pour améliorer la sécurité nationale des États-Unis. C'est aussi utilisé dans d'autres domaines par des professionnels tels que des médecins, des enquêteurs, acheteurs, recruteurs... Bref, ce serait dommage de passer à côté de telles connaissances. Pour faire simple et court : nous ressentons des émotions tout le temps, dans toutes les situations. Certaines émotions sont positives, d'autres sont négatives. Nous avons d'ailleurs plus de chance de ressentir des émotions négatives que des émotions positives. Encore une fois, ce qui est valable pour toi est valable pour les autres, donc pour les clients aussi. Nous ressentons des émotions quand nous percevons des informations issues du monde extérieur. Toute la journée, nous voyons les choses, nous entendons des bruits et des paroles, nous touchons ou sentons des éléments de notre environnement. Ces informations sont traitées par le cerveau à la volée. Notre cerveau et nos organes des sens travaillent en continu. Ils ne s'arrêtent jamais. Nous ne pouvons pas ne pas percevoir des informations de notre environnement. Tout au long de la journée et de nos interactions avec les autres, nous exprimons un certain nombre d'émotions involontairement et celles-ci sont visibles sur notre visage. Quand tu vois apparaître une micro-expression sur le visage de ton client, tu peux être certain qu'il ressent une émotion. Retiens bien qu'une micro-expression est un signal fiable d'une émotion ressentie au moment précis où tu la vois apparaître. Cela a été documenté par de nombreuses études scientifiques partout dans le monde.

Ouh là là, je sens que je devrais prendre des notes. Au pire, je le lui redemanderai...

— Tu dois retenir qu'il existe sept émotions primaires et universelles. C'est facile, tu les connais toutes : il y a la joie, la seule émotion positive. Les autres sont la tristesse, la colère, le dégoût, la peur, la surprise et le mépris. On dit qu'elles sont primaires parce qu'elles sont pures. Il ne s'agit pas de combinaisons avec d'autres émotions. La peur provoque la fuite. La colère nous pousse à attaquer si la situation le permet. La surprise provoque l'arrêt. Quand on est surpris, on ouvre grand les yeux pour essayer de capter un maximum d'informations de notre environnement. Cela nous permet d'analyser l'ampleur du danger qui se trouve devant nous. Toutes ces émotions sont inconscientes. Elles sont à l'origine de nos actions et de nos réactions. Il n'y a que sept émotions primaires. Et si tu es capable de les repérer quand elles apparaissent sur le visage de ton interlocuteur, je te garantis que tu auras une énorme avance sur lui dans toutes tes négociations, ainsi que dans tous tes échanges avec les autres. C'est aussi valable dans ta vie personnelle. Tu es célibataire ou tu es marié ?

— Euuuh, célibataire... Oui, enfin, plus pour longtemps... pourquoi ?
Sa question me surprend. Elle est très directe !

— Je vois que tu as été surpris par ma question et que cette situation ne te plaît pas. As-tu remarqué que tu as eu une expression de surprise très rapide avant de répondre ? C'est la micro-expression dont je parlais. Tes yeux se sont ouverts très grands, mais ta bouche est restée fermée. C'est une micro-

expression de surprise classique, sans être trop expressive. Quoi que tu dises après, j'aurais su que tu étais surpris, car ton cerveau et tes réflexes t'ont trahi. Tu aurais pu n'exprimer verbalement aucune surprise, et pourtant je l'aurais vue. Les réflexes sont plus rapides que la parole. Même si tu as envie de dire quelque chose, tes réflexes et ton visage te trahiront. Ils auront toujours un temps d'avance sur ce que tu diras. Tu m'as aussi dit *plus pour longtemps*. La plupart des gens comprendront que tu es dans une relation ou que la situation actuelle de célibataire est temporaire et que cela pourrait peut-être changer rapidement. Et bien moi je pense que la situation actuelle de célibataire ne te convient pas. Juste après avoir dit cette petite phrase, *plus pour longtemps*, tu as montré une seconde micro-expression. Cette fois-ci c'était de la tristesse.
Elle me montre une moue de tristesse, avec la lèvre du bas qui remonte, ce qui provoque une sorte de sourire inversé. Ses yeux ressemblent à ceux d'un cocker déprimé à qui on a confisqué son jouet préféré.

— Encore une fois, cette expression a duré une fraction de seconde. Et même si tu m'avais dit que tu es heureux dans cette situation de célibataire, cette expression m'aurait clairement indiqué que tu ne crois pas ce que tu viens de dire !

La vache ! J'en reste scotché à mon siège, je ne sais plus quoi dire. Les pensées se mélangent dans mon esprit. Le visage de Lucie apparaît dans ma tête en une fraction de seconde. Anne est donc capable de repérer toutes les émotions chez quelqu'un en temps réel. En plus d'analyser le comportement de la personne comme le fait Serge, elle analyse les expressions volontaires et celles qui sont produites par réflexe. Elle les met en relation avec ce que la personne dit, ce qui lui permet d'anticiper ses actions et les réactions de l'autre. C'est très fort !

— Si tu avais montré un bref sourire à la fin, au lieu d'une expression de tristesse, cela aurait été complètement différent. C'est comme dans une négociation avec un client. Tu vois si ce qu'il dit est en accord avec ce qu'il pense quand ses expressions sont cohérentes et synchronisées. S'il y a un décalage entre ses mots et ce que tu peux voir sur son visage, alors tu dois te poser des questions sur la fiabilité de ce qu'il dit. Je te donne un exemple : tu lui fais une offre pour une solution de sécurité, comme dans l'entretien qu'on vient d'avoir. Le prospect semble être intéressé. Tu lui fais un chiffrage complet et rapide. Et pour l'annonce du prix, tu écris le chiffre sur une feuille de papier. Une seconde plus tard, il te dit *c'est trop cher, il faut baisser le prix.* Que fait Jean-Noël ? Soit il va argumenter pour défendre son prix, soit il va recalculer son prix et lui annoncer un tarif plus bas. Serge pourra observer le comportement de l'acheteur. Il est possible qu'il perçoive une émotion dans le comportement, mais ce n'est pas sûr. Il va rester très souriant et il essaiera de défendre son prix. Le connaissant, il y a peu de chance pour qu'il baisse son tarif. Il est têtu ! Et moi, j'aurais peut-être vu une micro-expression qui m'aurait indiqué que ce qu'il dit n'est pas ce qu'il pense !

— C'est quelle expression ? Une expression de mensonge ?

— Non, le mensonge ne produit pas d'expression spécifique. Il n'existe pas de signes distinctifs nous indiquant que quelqu'un ment. Par contre, c'est très facile de voir les émotions que cette autre personne ressent à l'instant précis où cela se produit. C'est une micro-expression de joie qui va me donner cette information. Quand un client voit le prix ou l'entend, l'information arrive très rapidement à son cerveau. Si ce prix est celui qu'il attend, c'est-à-dire qu'il correspond à ce qu'il est prêt à payer, et qu'il est agréablement surpris, il ressentira une émotion positive. Cela provoquera un bref sourire ou un simple plissement des yeux. Ensuite, il peut me dire que c'est trop cher et que je dois baisser mon prix. La différence est que je ne le croirai pas, car je saurai que mon prix correspond à ses attentes. Il n'y a donc pas de raison de le baisser. Pour certains acheteurs, le prix n'est jamais bon, c'est toujours trop cher. Il ne faut pas tomber dans ce piège. Je te laisse imaginer comme c'est pratique dans les relations avec le client. C'est aussi extrêmement utile dans les négociations. Et puisque tu es célibataire, tu pourrais aussi utiliser ces techniques à titre personnel… je te laisse imaginer la suite.
Elle me fait un clin d'œil.

Anne reprend la route et continue à débriefer le reste de l'entretien. Voilà donc comment elle utilise les émotions pour vendre. Sans le vouloir, son interlocuteur lui livre toute une série d'informations en temps réel sur ce qu'il ressent. Elle n'est peut-être pas une aussi bonne commerciale que Serge, mais elle a d'autres atouts. L'un et l'autre se complètent. Il va falloir que je teste tout ça par moi-même dès mes premiers entretiens.

**NOTE : Les sept émotions primaires universelles**

Les sept émotions primaires universelles ont été découvertes au début des années 1970. Chaque émotion ressentie produit une activation spécifique des muscles du visage. La joie est la seule émotion positive. Le sourire est l'expression qui apparaît sur le visage des gens quand ils sont contents. Un vrai sourire est toujours accompagné d'un plissement des yeux. Un sourire peut être simulé par une personne qui veut montrer des émotions positives. Cela ne signifie pas qu'elle les ressent réellement. Elle peut simplement vouloir transmettre le message *je ne vous veux pas de mal.*
Les six autres émotions : surprise, peur, colère, tristesse, mépris et dégoût ont des fonctions de protection de l'individu.

— La surprise provoque un arrêt qui a pour objectif de permettre d'analyser la situation et l'environnement et de déclencher une réaction presque immédiate. La surprise est reconnaissable par la grande ouverture des yeux, accompagnée ou non d'une ouverture de la bouche.

— La peur nous pousse à fuir un danger. Les yeux s'agrandissent pour laisser entrer un maximum d'informations. La bouche a tendance à s'étirer. Les lèvres sont ouvertes ou fermées.

— La colère nous pousse à l'action. Le regard est intense, des plis sont visibles sur le front. La bouche peut être fermée et pincée ou ouverte laissant apparaître les dents. Des tensions peuvent être visibles au niveau de la mâchoire.

— Le dégoût nous préserve des risques toxiques. Cette émotion apparaît aussi lorsque nous nous trouvons dans une situation désagréable, y compris lorsque nous entendons ou pensons à quelque chose qui nous dérange. Des rides apparaissent sur le nez, la lèvre supérieure remonte.

— La tristesse provoque la compassion chez les autres. Cette émotion est sociale dans le sens où elle peut entraîner les autres à éprouver de l'empathie à notre égard. Nous l'exprimons quand nous ressentons un inconfort temporaire. Les yeux et les paupières tombent, les coins des lèvres sont dirigés vers le bas, le sourire s'inverse.

— Le mépris apparaît quand on ressent un sentiment de supériorité. Nous l'exprimons par un demi-sourire (sourire apparaissant d'un seul côté du visage), ou par un regard hautain, comme si nous regardions notre interlocuteur de haut. Les coins des lèvres se dirigent vers le bas.

Ces émotions sont universelles. Quel que soit le lieu géographique, les hommes expriment les mêmes émotions en utilisant les mêmes expressions du visage. L'universalité des émotions a été démontrée par des dizaines d'études sur tous les continents. Une micro-expression est un signal fiable d'une émotion ressentie. Ce sont des réflexes produits par une partie très ancienne du cerveau (système limbique). Elles sont inconscientes et incontrôlables. Elles apparaissent sur le visage dès qu'une émotion est ressentie. Avec un peu d'entraînement, il est tout à fait possible de les repérer tout au long de l'entretien tel que le décrit Anne dans cette situation.

Patricia est assise à son bureau. Elle est arrivée très tard ce matin. Son arrêt maladie de la veille était valable deux jours. Le manager l'a appelé chez elle et lui a ordonné de venir travailler, ce qu'elle a accepté. La mine triste et le visage pâle, elle lève les yeux en nous voyant arriver.

— Bonjour Patricia. Tu es déjà de retour ? Je pensais que tu en avais pour la semaine…

Anne la salue en lui faisant la bise. Patricia, d'un air dépité, lui explique en long et en large la discussion qu'elle a eue avec son chef le mardi matin au téléphone. Il est agressif, il lui parle comme à un chien. Elle n'en peut plus ! C'est toujours elle qui a tort, bien sûr ! En bonne psychologue, Anne l'écoute et la réconforte. Elles vont déjeuner ensemble à l'extérieur, loin des murs de Noetramus et des oreilles des autres collègues. Je rejoins l'équipe technique pour déjeuner à la brasserie du coin.

Ce midi, j'ai échangé quelques SMS avec un copain, et j'ai aussi modifié ma photo de profil sur Facebook. Mes amis vont enfin me voir en costume-cravate. Cela fera plus sérieux que ma photo précédente, quand j'étais en train de manger des huîtres à Noël !

À 14 heures dans un couloir, je croise Serge qui part en coup de vent à son prochain rendez-vous.

— Hey ! Ça roule ? Si t'as un peu de temps, je te conseille de prospecter pour prendre des rendez-v'. Plus vite t'iras sur le terrain, et plus vite tu seras opérationnel. Il faut que tu mettes en pratique tout ce que tu vois avec nous.

Serge a tellement mâché ses mots, et parlé vite, qu'il m'a fallu une bonne seconde et demie pour comprendre ce qu'il a dit. Il est sûrement très pressé ! Pourtant, il parle très clairement avec les clients.

— OK, comment je fais ? Il existe une base de données avec des sociétés que je peux appeler ?

— Ouais... bof ! Elle est déjà hyper exploitée depuis des années. Eh, tu sais quoi ? On reparlera de la prospection dès que je reviens. En attendant, cherche des sociétés sur Internet, partout où tu peux en trouver, et puis t'appelles pour leur proposer un rendez-vous. Tu peux déjà en placer un demain et un autre vendredi. Tant pis si tu te plantes ou si tu rates le déroulé de la structure de vente. Dis-toi que tes dix premiers rendez-v' font partie de ta formation. Jean-Noël a dit que tu prenais le centre-ville et la partie ouest. Il suffit de prendre une carte, et de cibler les entreprises du centre-ville et celles de l'ouest. Ce secteur n'est pas du tout travaillé. Il y a tout à faire !

— Tu as raison, je vais m'y mettre tout de suite !

— C'est clair ! T'as rien à perdre ! Fonce ! Je te laisse. Bye !

**NOTE : Où prospecter ?**

La plupart des vendeurs ont le réflexe de commencer par le centre d'une ville. C'est très tentant de se rendre là où il y a le plus d'entreprises et de magasins. Contrairement à une idée reçue, ce n'est pas forcément là qu'il est possible de faire le plus d'affaires. Les centres-villes et les lieux concentrant le plus d'entreprises sont aussi les zones les plus prospectées par les commerciaux vendant tous les types de produits. Ces entreprises sont très fortement démarchées, ce qui pourrait avoir pour conséquence de rendre votre propre prospection particulièrement difficile. À l'inverse, les zones rurales ou éloignées des centres-villes, ainsi que des zones d'activités professionnelles pourraient bien s'avérer être des zones épargnées par les chasseurs d'affaires. Alors, pourquoi chasser sur le même terrain que tout le monde, alors que vous décrocherez peut-être plus facilement et plus rapidement des rendez-vous avec des entreprises qui sont nettement moins démarchées ?

Une heure plus tard, j'avais dressé une liste d'une trentaine de sociétés à contacter. Puisque la cible de Noetramus est essentiellement composée de PME et de PMI, j'ai rassemblé toutes les entreprises que je trouvais. Après une dizaine d'appels infructueux, j'ai décroché un rendez-vous avec un dirigeant de PME qui a accepté de me rencontrer demain matin à 9 h 30. Il s'agit d'une petite imprimerie située à côté de chez moi. Je n'aurais jamais cru que j'y serais allé, surtout pour vendre. Cette pensée provoque en moi maintenant une angoisse. Et si je me plantais ? Que penserait-il de moi ? Si je ne suis pas suffisamment professionnel, je n'arriverai pas à le convaincre.

Donc, il n'achètera rien. Serge dit que les premiers rendez-vous doivent servir de formation, mais c'est tout de même un peu stressant.

Au fur et à mesure que mes pensées s'égarent, je réalise que je ne connais pas suffisamment les produits. Je n'ai jamais calculé un tarif avec le système de la location financière. En plus, il faut le faire devant le client, en direct sans pouvoir demander un conseil à un autre vendeur. Et les promos ? Où est-ce que je les trouve ? Comment dois-je calculer le prix et être sûr d'arriver au bon montant ? Je ne connais pas non plus les documents à remplir. Je ne les ai même pas encore lus attentivement ! Il faudrait que je puisse les remplir au moins une fois seul pour m'entraîner. Et la méthode pour faire dire plein de fois « oui », je ne l'ai jamais utilisée, enfin, jamais comme eux....
Je suis au bord de la crise d'angoisse quand Anne entre dans le bureau vers 15 h 45. Je lui parle de mes inquiétudes pour demain.

**NOTE : Le stress du débutant**

Un nouveau commercial peut ressentir du stress lié au nouvel environnement et à la quantité d'informations à gérer dès son arrivée dans l'entreprise. C'est pourquoi il est important d'être accompagné par son manager ou par un autre vendeur expérimenté qui pourra vous aider à démarrer les premiers jours. Le stress tel que celui ressenti par Quentin peut pousser certaines personnes à quitter l'emploi qu'elles viennent tout juste d'accepter, alors même qu'elles n'ont pas encore eu le temps de découvrir la réalité du métier dans cette entreprise. Tout le monde est perdant : le vendeur perd son emploi ; le manager a perdu du temps et de l'énergie ; le responsable des ressources humaines ou le directeur d'entreprise doivent de nouveau mettre en place un processus de recrutement. Or, une perte de temps est souvent associée à une perte de chiffre d'affaires. Si vous êtes manager : accompagnez avec soin vos commerciaux et vos nouveaux collaborateurs dès leur arrivée, et vous en ressortirez gagnant.

— Pffff, ça, c'est bien Serge ! Il croit que tout le monde est comme lui. Il fonce tout le temps. Il n'a peur de rien. Rassure-toi, tout va bien se passer. On va commencer par le plus simple : les documents administratifs. Prends un exemplaire de chaque document et lis-le calmement chez toi ce soir. Tu verras qu'il suffit de remplir les cases avec les bonnes indications. Il faut faire très attention à ce qu'il ne manque aucune signature. Il faut aussi le cachet du client partout où il y a une signature. S'il en manque un, tu devras y retourner avec ton document pour ajouter le cachet manquant. Il vaut mieux éviter, cela ne fait pas très professionnel.
Elle réfléchit un instant.

— Aaaah oui, il faut aussi bien pousser sur ton stylo pour que la copie-carbone soit lisible. Si tu fais une vente, tu nous montreras les docs avant de les donner à Patricia. On les corrigera si c'est nécessaire. Comme dit toujours Serge…
Elle prend une grosse voix, et dit, en rigolant :

— T'inquiète, ça va aller !

— Le plus compliqué, c'est la technique. Mais comme tu es informaticien, cela devrait bien se passer ! Il faudrait que tu passes un peu de temps avec Fred pour qu'il te forme sur les produits et les logiciels. C'est un peu compliqué au début. Je pense que dans un premier temps, tu devrais te concentrer sur ce que tu connais : l'informatique.
Elle me regarde avec un air peu convaincu de ce qu'elle vient de dire.

— J'avais compris qu'il faut essayer de découvrir les besoins précis du client pour lui amener la solution sur mesure…

Elle me coupe la parole :

— Oui, c'est tout à fait cela, mais pour l'instant, tu n'en es pas capable puisque tu ne connais pas les produits et les services.

Elle avait raison.

**NOTE : Les documents administratifs**

Les documents administratifs sont aussi source d'angoisse pour les personnes qui ne maîtrisent pas leur remplissage. En voulant se protéger, les entreprises ont tendance à les rendre complexes. Il est nécessaire de prendre le temps de lire attentivement chaque document que vous allez utiliser. Leur manipulation devant le client doit toujours se faire de manière professionnelle, c'est-à-dire calme et maîtrisée. Vous devez connaître parfaitement les écrits que vous soumettez à votre client pour signature.
Lorsque le client se prépare à signer, il sait qu'il s'engage. À ce moment-là, il peut ressentir des émotions négatives, du stress, un doute sur son choix ou sur vous. Si votre attitude laisse transparaître un manque de maîtrise de la partie administrative, il est possible que le client revienne sur sa décision d'accepter votre solution. En d'autres mots, vous lui avez fait peur et il décide subitement de fuir. C'est pourquoi il faut être professionnel jusqu'au bout des ongles pour maîtriser la relation durant tout l'entretien.

— Et les prix ? Comment dois-je calculer les prix ?

Je me posais cette question depuis que j'ai vu Jean-Noël calculer très rapidement le tarif lundi après-midi.

— C'est très simple. Nous avons une grille tarifaire pour chaque gamme de produits : informatique, téléphonie, alarmes et photocopieurs. Donc quatre grilles. Tu dois toujours les avoir sur toi.
Elle me tend quatre feuilles sur lesquelles sont imprimés des tableaux couverts de chiffres.

— Comme tu peux le voir, tous les prix sont indiqués en coût mensuel pour le client. Nous vendons tous nos produits en location financière sur 60 mois. Le client paie une sorte d'abonnement par mois. Ce qui l'intéresse est de savoir combien il paiera tous les mois. Il se fiche du prix global. Donc, si tu vends 4 téléphones comme celui-là, cela lui coûtera 4 fois 6 euros par mois, soit 24 euros. Ensuite, tu ajoutes les autres produits et services. C'est comme un jeu de Lego. Il suffit d'assembler les pièces pour créer une configuration sur mesure pour le client.

— Et s'il ne veut pas de location sur 5 ans, je peux tout de même lui vendre en une fois, au comptant ?

— Oui, tu peux. Il suffit de multiplier tous les prix par 60. Ou alors, tu additionnes tous les prix mensuels et tu multiplies le total par 60, cela revient au même. Mais cela ne sera pas intéressant pour lui, car alors nos prix deviennent beaucoup trop élevés. Si tu parles avec lui de ce téléphone à 6 euros par mois et que tu lui proposes au comptant, il faudra multiplier 6 euros par 60. Cela lui reviendra à 360 euros. Il peut avoir le même en supermarché pour 150 euros !

Je laisse échapper un petit sifflement qui la fait sourire. Elle continue :

— N'oublie pas qu'il faut ajouter le coût de la maintenance au prix du matériel. Nos clients sont des professionnels. Aucun matériel ne peut tomber en panne trop longtemps. Nous devons les dépanner rapidement. C'est pour cela que nous proposons un contrat de maintenance avec un dépannage dans les quatre heures. Un contrat de maintenance est obligatoirement signé avec chaque nouvelle installation. C'est la règle ! Nous travaillons avec de grandes marques et du matériel fiable pour qu'il y ait le moins de pannes possible. Mais cela peut arriver ! Les contrats de maintenance nous font gagner énormément d'argent. C'est notre vache à lait ! C'est pour cela qu'il faut en signer un avec chaque nouvelle vente. D'où l'intérêt de proposer des solutions globales sur de longues durées. En informatique, nous avons aussi des contrats sur 3 ans.

— Et les promotions ? Vous les utilisez à chaque fois ?

— Les promotions sont des aides à la vente. Le client achètera plus facilement s'il a l'impression de faire une bonne affaire. Nous créons deux nouvelles promotions chaque semaine pour les quatre domaines d'activité. Ce qui fait huit promotions par semaine. Il y a toujours une promo pour du matériel correspondant aux petites entreprises de moins de 10 salariés ; et une promo pour les entreprises plus grandes. Les promotions démarrent le lundi matin et durent entre 3 et 5 jours. Chaque promotion est présentée sur une page A4, créée par Patricia. Nous en avons un exemplaire avec nous. Nous pouvons y faire référence à tout moment quand nous sommes chez un client. Cela sert à mettre la pression en faisant comprendre au client qu'il doit se décider tout de suite pour obtenir le meilleur prix, ou pour un produit spécifique sur lequel nous avons une remise chez notre fournisseur. Le but est de le pousser à signer tout de suite. Il ne faut pas lui laisser trop de temps pour réfléchir. Il doit s'engager quand tu es chez lui. Après ton départ, il sera trop tard.

— Si je comprends bien, vous offrez des solutions sur mesure aux clients, mais vous les orientez tout de même vers certains produits ou services. Ce n'est plus du sur-mesure !

Sa conception du sur-mesure m'étonne, il faut que j'en sache plus.

— Mais si ! Toutes les solutions sont proposées en fonction des besoins réels des clients. Mais nous les poussons autant que possible à orienter leur choix vers un produit en promo. Ce sont toujours des produits standards. Le but des promos est d'enfermer le client dans un doute lié à la *perte d'une bonne affaire*. Et personne n'aime passer à côté d'une bonne affaire !

— OK, je vois. Une dernière question : comment je dois calculer le prix du contrat de maintenance ?

— C'est aussi simple que le prix du matériel, il suffit de regarder dans la grille tarifaire. Il est indiqué le montant mensuel à ajouter en fonction de ce que tu vends. Il suffit de lire ! Passe une heure dessus ce soir et tu verras que ton rendez-vous se passera bien. Si tu veux mon avis, c'est inutile de perdre trop de temps avec les documents administratifs aujourd'hui, car il y a peu de chance que tu vendes quelque chose demain. Il faut d'abord que tu connaisses nos produits et services pour bien rassurer le client. Le client achètera s'il a confiance en toi et si tu maîtrises parfaitement la gamme des produits et services. Il faut aussi que tu réalises quelques rendez-vous pour bien maîtriser la structure d'entretien. Et si jamais tu rencontres un guignol comme celui de ce matin, il faudra t'accrocher à ta cravate ! Donc, vas-y cool demain. Ne stresse pas. Essaie de faire comme moi ce matin, ou comme Serge hier, et ce sera déjà très bien pour un premier entretien !

Sa voix est douce et rassurante. Cela me fait du bien de sentir qu'elle peut m'aider dans ce métier. Je me sens déjà moins stressé.

**NOTE : Les promotions**

Il ne faut pas trop de promotions. Il ne faut pas non plus qu'elles portent toujours sur les mêmes produits. Si votre gamme de produits est étendue, vous pouvez vous permettre d'avoir une nouvelle promotion toutes les semaines sur un produit différent. Si vous ne vendez que quelques produits, alors limitez la fréquence d'apparition des promotions.

Quelques promotions permettent d'attirer le client. S'il y en a trop, il pourrait avoir l'impression que le commercial brade ses produits, car il a du mal à les vendre.

Cette situation fait ressortir une autre source de stress très fréquente chez les nouveaux commerciaux : le calcul des prix. Jongler avec tous les prix des produits et des accessoires, des services, de la maintenance, des promotions, du financement..., peut vite devenir un casse-tête pour celui qui débute dans l'activité ou dans une nouvelle entreprise. Une nouvelle fois, il est important d'accompagner le nouveau collaborateur dès son démarrage dans l'entreprise pour que celui-ci ne cède pas à la panique. Il doit aussi s'entraîner à effectuer des calculs rapides et toujours justes. La calculatrice est un outil nécessaire pour le commercial. Elle servira aussi à rassurer le client quant à l'exactitude de ses calculs. Dans la situation qui vient de se dérouler, Noetramus utilise des grilles tarifaires avec des montants simples, calculés au mois. Ce système présente l'avantage de travailler avec des petits chiffres. Cela limite le risque d'erreur, tout en permettant d'accélérer les calculs.

J'ai terminé la journée en lisant les documents administratifs et en révisant mes notes sur les étapes de la vente et sur la présentation de Noetramus. J'en ai aussi profité pour ajouter quelques informations sur le débriefing de l'entretien de ce matin. Je n'ai pas retenu tout ce qu'Anne m'a dit sur les émotions et les expressions. Il va falloir que je lui reparle. Ça va être chaud demain !

18 h 42. Il y a un mot sur ma porte d'entrée : *Je suis passée, mais tu n'étais pas encore rentré. Téléphone-moi quand tu rentres. Donne-moi des news. A+.*
Lucie est venue chez moi et elle a laissé ce post-it à moitié arraché. Cela fait un moment que nous ne nous sommes pas parlé. Les SMS et le chat ont leurs limites.

Alors, tu as tenu trois jours ?
19:11

J'avais oublié son texto reçu quelques jours plus tôt.

Oui, ça se passe plutôt bien et j'ai déjà appris plein de choses !
19:12

Je lui ai raconté mon arrivée dans la société et elle a rigolé quand je me suis plaint des mauvaises odeurs de mon nouveau chef. Nous avons passé une bonne demi-heure au téléphone à parler de tout et de rien. J'adore sa voix qui a quelque chose de magique et de mystérieux. Je me souviens de la réflexion d'Anne tout à l'heure. Elle a peut-être vu des émotions que je refuse de voir. Lucie n'est pas tout à fait comme les autres. Elle a quelque chose de... de... je ne sais pas... et j'ai rêvassé ainsi pendant de longues minutes.

# 5. ORGANISATION

Jeudi 24 janvier 2013

9 h 25. J'ai les jambes molles, les mains moites et le cœur palpitant. J'ai très mal dormi cette nuit. Ce que j'ai vu et entendu hier m'a perturbé. Quand je me suis réveillé à 3 h 47, je me suis revu dans le bureau, paniqué à l'idée de ne pas pouvoir gérer correctement l'entretien avec le client. Anne a pourtant été rassurante, mais je ne me sens pas au point. Ils ont raison tous les deux sur le temps d'adaptation et le besoin de pratiquer. Néanmoins, le stress du premier rendez-vous est bien présent ! Je me suis finalement rendormi après 5 h 30.
Dans cinq minutes, ce sera à mon tour de faire le show. Après tout, je n'ai rien à craindre. Je suis un commercial comme les autres, et comme les autres je dois débuter. Il ne va pas me manger. Il ne se passera rien qui pourrait me blesser. Au pire, il me jette dehors au bout de quelques minutes, et je serai soulagé de ne plus être en face de lui. Au mieux, il attendra poliment la fin du rendez-vous. Dans l'idéal, je signerai mon premier contrat. Cette dernière pensée me laisse perplexe... je n'y crois pas en fait.
Bon, allez, je me lance. Je pousse la porte d'entrée qui grince dès la première pression. Un employé de l'imprimerie me regarde entrer et m'adresse un sourire de courtoisie. Je le regarde et je souris à mon tour.

— Bonjour, Quentin Buriant, de la société Noetramus. J'ai rendez-vous avec Monsieur Boutische.

Il grogne quelque chose qui devait être *je vais le chercher* et disparaît dans un local sur la droite. Deux minutes plus tard, un petit homme d'une cinquantaine d'années apparaît derrière sa moustache.

— Ouais ! Ché pou'l'gass ?

Les mots se mélangent dans ma tête. Je suis incapable de reconstituer la phrase. Il a dit quelque chose qui ressemble à du français, mais je n'ai pas compris. Il a un accent régional incroyablement fort ! Cela risque d'être compliqué. Bon, il faut que je réagisse vite.

— Bonjour Monsieur Boutische. Je suis Quentin Buriant de Noetramus. Je vous ai téléphoné hier pour prendre un rendez-vous…

Il me coupe la parole.
— Ah ouais, ouais… bon… Vous n'venez pas pou'l'gass aloor ?

— Non, Monsieur, notre société ne travaille pas dans le domaine du gaz, je suis désolé.

— Ah ouais… attendez. Parc'que nous, c'est du gass qu'il nous faut.

Il disparaît à son tour. Je l'entends alors crier au loin.
— Monsieur Boutische, y'a un hom'là pou'vous.

OK je vois. Cette personne n'était pas Monsieur Boutische et j'ai cru que c'était lui. Évidemment, si je me trompe d'interlocuteur, cela n'aurait mené à rien... Pourtant, quand je lui ai dit bonjour en citant son nom, il n'a pas dit qu'il n'était pas Monsieur Boutische. Voilà donc pourquoi c'est important de faire valider à mes interlocuteurs leur nom et ce qu'ils font. Cela évite les erreurs avant d'aller plus loin. C'est intéressant, j'ai déjà appris quelque chose !

Une autre personne arrive vers moi. Cette fois, il s'agit d'un homme plus jeune, je dirais qu'il a une trentaine d'années. Il vient vers moi et me tend la main en me regardant droit dans les yeux.

— Bonjour, Pascal Boutische.

— Bonjour Monsieur Boutische, Quentin Buriant de Noetramus. Nous avons pris rendez-vous hier par téléphone. Je vous ai proposé de nous rencontrer afin de vous présenter notre société.

— Oui tout à fait, suivez-moi.

Je le suis jusqu'à son bureau qui est à peine plus grand qu'un placard à balais. Il n'a pas de siège disponible. Son bureau est tellement encombré qu'il en est devenu inutilisable. Il s'assoit sur un grand carton et me propose un autre carton situé en face de lui. La situation est plutôt cocasse : un rendez-vous entre professionnels, dans un local très encombré, sans possibilité d'utiliser le bureau pour poser un document. Ça va être pratique. Je me demande comment Serge ou Anne feraient pour dessiner !

— Excusez-moi pour le désordre. Nous sommes un peu à l'étroit ici. L'activité bat son plein et nous avons recruté de nouveaux collaborateurs. J'ai quitté mon bureau et je l'ai déplacé temporairement ici. Nous faisons ce que nous pouvons. C'est clair que nous allons devoir déménager prochainement ! D'ailleurs, nous recherchons un nouveau local. Si vous en connaissez, nous aurions besoin de 650 à 700 m$^2$.

Il a aussi un léger accent que je ne peux pas identifier, mais il est beaucoup plus simple à comprendre que l'autre. Bon, ça va aller. Il faut que je me calme.

— À première vue, je n'ai pas connaissance de bureaux disponibles, mais j'y penserai à l'occasion.

Il m'a pris par surprise. Je ne m'attendais pas à démarrer la conversation sur ce sujet. Je n'ai pas de réponse à lui apporter, mais ce n'est pas grave. Ce début de conversation entre parfaitement dans la première phase de la structure de vente : le bris de glace. Nous échangeons quelques autres informations sur le manque de place. J'apprends que sa société compte 11 personnes et qu'elle existe depuis 7 ans. Il me dit ensuite qu'il a accepté ce rendez-vous parce qu'il travaille sur ce projet de changement de locaux. N'étant pas informaticien, il souhaite faire appel à un prestataire de services pour le déménagement du matériel informatique et de l'ensemble des machines. Il me dit aussi qu'il pourrait être intéressé pour remplacer quelques vieux ordinateurs. Je note cette information dans ma tête quand tout à coup je me rends compte que je suis absolument incapable de calculer un tarif d'une telle affaire. Cela fait entrer beaucoup trop de choses en jeu. Ce n'est pas grave, je suis ici pour apprendre et je vais réaliser cet entretien jusqu'au bout. Mon objectif sera de prendre un maximum d'informations et de revenir le voir par la suite avec une offre concrète et chiffrée, validée par les autres commerciaux. Pas de panique ! *Je vais bien tout va bien !* Il faut que je respire lentement pour me calmer…

— Vous êtes bien le gérant de cette société ?

— Oui tout à fait ! Je suis gérant avec ma femme. Elle n'est pas là pour l'instant, mais ce n'est pas grave. Je lui donnerai toutes les informations plus tard.

Une cogérance… Je ne sais pas ce qu'il faut faire dans ce cas-là. Tant pis, je continue.

— Vous avez bien une heure à m'accorder ?
Il acquiesce d'un « oui » de la tête.

— Je vais vous présenter la société Noetramus, et je vous laisserai vous présenter à votre tour. Ensuite, nous parlerons de votre déménagement. Nous verrons ensemble ce que nous pouvons vous apporter dans votre projet.

Je suis content de ma phrase d'introduction. J'espère qu'elle est cohérente pour lui. En tout cas, il semble satisfait de cette organisation de l'entretien.

**NOTE : Les clés de décision**

Le gérant engage sa société. Il prend la responsabilité de ses choix. S'il n'y a qu'un seul gérant, il est le seul responsable de la décision d'engager la société. Lorsqu'il y a plusieurs gérants (cogérance), il est important que tous les gérants habilités à prendre une décision soient présents lors de la réunion. Cela évitera des problèmes pour la suite. Si seul l'un des décideurs est présent, il sera nécessaire de faire une seconde réunion pour convaincre les autres décideurs. Même si vous arrivez à convaincre le gérant présent, rien ne vous dit qu'il sera capable de convaincre les autres décideurs. Vous n'aurez jamais aucune certitude quant à la qualité des informations qu'il transmettra aux autres. La probabilité de convaincre une personne au travers d'un intermédiaire est faible. S'il s'agit d'influencer un prospect sur une solution qui va lui coûter de l'argent, et qui va lui demander un engagement sur le long terme, il y a de fortes chances que cela ne soit pas possible sans le rencontrer. C'est pourquoi il est important de réunir tous les décideurs en même temps.

Quentin a oublié de lui demander s'il s'est muni de documents techniques utiles à l'entretien. Puisqu'ici on parle de déménagement, il est nécessaire de connaître le matériel concerné : ordinateurs, imprimantes, scanners, téléphonie...
Cet élément doit être connu avant l'entretien. Idéalement, le commercial dispose de renseignements avant le rendez-vous. La veille, au moment où il a contacté le prospect par téléphone, il aurait dû prendre un minimum d'informations sur ses besoins. Il aurait su qu'il souhaite déménager. Dans ce cas, il aurait pu lui demander des documents sur son matériel tels que des factures d'achat, les contrats en cours, des factures de consommation pour la téléphonie... Sans ces documents, le vendeur risque de se trouver dans une impasse au moment de la découverte du client. Plus l'installation est complexe, plus il y a de matériel et plus le risque d'erreur est important. Dans un cas comme celui-ci, il peut y avoir beaucoup de matériel, sans parler des contrats de prestataires extérieurs tels que la maintenance, les consommables, les consommations

téléphoniques, les contrats de location longue durée... C'est pourquoi il est vivement conseillé de demander au prospect de se munir de ces documents pour l'entretien. Cela évitera au vendeur de perdre son temps et de faire des erreurs. Si le vendeur se rend compte que le prospect est sous contrat avec un autre prestataire et qu'il reste plusieurs années avant l'échéance, il est possible qu'il ne puisse rien proposer. Certains contrats sont tellement verrouillés qu'il est inutile d'essayer de les casser. Le vendeur et le prospect doivent attendre la date de l'échange. Dans ce cas, le commercial note l'information. Il reviendra plus tard lorsqu'il sera possible de lui proposer un nouveau contrat.

Je me lance dans la présentation de Noetramus, en mettant en avant la structure, les produits et services, comme l'ont fait Jean-Noël, Serge et Anne. Je pense que ma présentation est très proche de la leur. Il faudra que je la répète quelques fois et que je l'adapte pour me l'approprier. Je ne suis pas à l'aise avec le contenu. C'est normal, car c'est la première fois que je la présente à un prospect. J'ai pu remarquer que le prospect secouait aussi la tête de haut en bas régulièrement pour me montrer qu'il suit la présentation, tout en marmonnant des « hmmm », « aahhaa », « oui ».
Quelques minutes plus tard, je lui passe la parole à l'aide d'une phrase de transition.

— Voilà, je pense avoir fait le tour rapidement de Noetramus. Si vous avez des questions…

— Ça va aller, je me suis renseigné sur votre société avant votre arrivée. Tout est clair.

— Parfait, alors parlez-moi de vous, que faites-vous ? Quelle est votre activité ?

Oh mince… les mots sont sortis trop vite de ma bouche. Pourquoi je lui demande son activité, c'est une imprimerie, ça saute aux yeux… zut, il va me prendre pour un idiot.

— Nous sommes une imprimerie et nous travaillons avec tous les types de clients. Cela va des cartes de visite pour les particuliers jusqu'aux grandes entreprises qui nous font confiance pour leurs documents professionnels, dont des brochures complexes.

Il continue ainsi pendant deux minutes. Il décrit son activité et son parcours. Cela me permet de collecter des informations intéressantes. J'essaie aussi d'observer son comportement, mais je ne vois rien. Par contre, il n'a pas du tout réagi négativement à cette question qui me semblait stupide. Je lui pose alors des questions plus précises sur son activité ainsi que sur son évolution à venir. Cela me permettra d'avoir une idée de sa configuration technique actuelle et de sa probable évolution. J'ai bien compris au travers des trois entretiens précédents qu'il fallait poser de nombreuses questions au client pour déterminer sa situation aujourd'hui et définir ses perspectives d'évolution. Cela permet de faire un état des lieux technique, tout en mesurant d'autres paramètres tels que la situation financière de l'entreprise ainsi que les contraintes administratives et logistiques.

J'essaie de respecter au mieux le système de questionnement en gardant à l'esprit qu'il faut obtenir une réponse à toutes les questions clés : *Qui ? Quoi ? Où ? Quand ? Comment ? Pourquoi ? Combien ?* Ainsi qu'aux sous-questions qui en découlent.
Comme l'ont dit Anne et Serge, *plus la découverte du client est précise et plus ce sera simple de lui proposer une solution sur mesure et de le convaincre qu'il n'a pas d'autre choix que de l'accepter.*

10 h 20. Je lui ai posé 10 000 questions. Je ne me souviens plus de ce que je lui ai demandé. Cela fait au moins 40 minutes que je note des informations sur la feuille de découverte qu'Anne m'a donnée.
Il faut tout refaire : informatique, téléphonie, alarme, photocopieurs. Il faut tout remettre à plat, c'est un gros chantier !
Le problème est que je ne sais pas exactement ce qu'il a. Il m'a

montré son matériel. On a fait le tour de ses bureaux. Mais je suis incapable d'identifier la moitié de son installation ! Je n'y connais rien en alarme ni en photocopieurs. Et pour l'informatique, je suis sûr qu'il manque des choses. Pour ce qui est de la téléphonie, je n'en sais pas beaucoup plus. J'ai une formation d'informaticien, mais je ne suis pas vraiment un technicien. Je ne connais pas tout ce matériel. Quand on est arrivés dans son bureau, j'ai demandé à voir les documents d'achat du matériel et les contrats de location. Mais il a dit qu'il ne pouvait pas mettre la main dessus tout de suite. C'est dommage. Heureusement que j'ai pris des photos. Elles aideront sûrement l'équipe technique à identifier ce matériel. On verra bien !

J'ai essayé de faire comme Anne et Serge, mais je n'ai pas réussi à prendre des notes et à regarder le comportement du chef d'entreprise. Il y avait trop d'informations à gérer dans ce premier rendez-vous. Ce n'est pas grave, j'ai compris la technique de questionnement et je suis content d'avoir eu toutes ces réponses. J'ai aussi testé la technique des validations, en reformulant autant que possible ce qu'il me disait. Effectivement, j'ai réussi à lui faire dire « oui » un bon nombre de fois. Il ne reste plus qu'à m'entraîner pour utiliser efficacement les validations multiples comme le font les deux autres commerciaux. Le test est concluant, je suis content. Par contre, je suis incapable de lui apporter une solution immédiatement. C'est pourtant la technique qu'utilise Noetramus. Tant pis, ce n'est pas grave, c'est mon premier entretien. Personne ne me le reprochera. Les commerciaux sont avec moi, ils me soutiennent. Tout va bien ! Il faut que je reste calme…

— Monsieur Boutische, j'ai bien noté toutes ces informations. Étant donné l'ampleur du déménagement et le manque de données techniques par rapport à votre matériel, il m'est impossible de vous apporter une solution immédiatement.

Il me regarde en faisant « oui » de la tête. Je continue.

— Je vais donc rentrer au bureau et analyser votre demande. Je reviendrai vers vous très rapidement.

**NOTE : Bien démarrer**

Quentin vient tout juste de découvrir la structure de vente, il connaît à peine les produits et services et il manque d'informations pour mener à bien cet entretien. Il ne connaît pas non plus le fonctionnement de Noetramus, ni ses capacités à répondre à ce type de demandes. C'est tout à fait normal quand on démarre dans une nouvelle entreprise. Comme l'a suggéré son collègue Serge, il est nécessaire qu'il réalise quelques entretiens *à blanc* pour s'entraîner. Il faut se donner le temps de démarrer pour acquérir des réflexes et une maîtrise des rendez-vous clients. Certaines réunions peuvent être complexes : les clients peuvent être difficiles et la technique du charabia. Personne ne peut maîtriser tout, tout de suite. Il faut savoir se donner du temps et rester motivé. Un commercial peu expérimenté, ou venant d'intégrer une société, pourrait ressentir une démotivation liée à un sentiment d'incapacité dans une situation telle que celle-ci.
Retenez que tous les bons vendeurs ont commencé en bas de l'échelle. Ils ont tous connu des échecs, surtout au début.

— Très bien Monsieur Buriant. J'attends votre appel.

L'entretien étant terminé, il me raccompagne à la porte. Cela s'est plutôt bien passé pour une première, c'est encourageant ! Je me sens léger comme l'air…

11 heures. En arrivant au bureau, je salue Patricia brièvement et je me dirige vers le bureau des commerciaux. Serge est seul, assis à son bureau, en train de manger un petit pain au chocolat tout en surfant sur Internet. Il me voit entrer.

— Salut Quentin ! Alors ça a été ? Anne m'a dit que t'es allé à ton premier rendez-vous ce matin… Alors, raconte !

Je lui décris l'entretien en insistant sur l'ampleur énorme du chantier.

— C'est un déménagement complet, il veut remplacer plein

de matériel, il m'a parlé de deux ordinateurs portables, d'un écran, de ses imprimantes, de son photocopieur, de son téléphone et surtout de son super système d'alarme flambant neuf. Tu te rends compte ? C'est énorme ! Je ne savais pas quoi proposer. Alors j'ai pris toutes les informations et je lui ai dit que je vais le recontacter.

— Ouais, t'as bien fait. Quand c'est trop gros, et surtout quand il y a un déménagement, il faut demander l'avis d'un technicien. Donc, tu retourneras le voir avec Fred et c'est lui qui calculera la main-d'œuvre. S'il y a un remplacement de matériel, ce sera toi. D'ailleurs, t'as toutes les infos sur le matériel ?

— Ben… j'ai quelques photos et aussi ce qu'il m'a dit.

— T'as une copie des contrats et des factures ? lance-t-il sur un air interrogateur.

— Non, il ne les avait pas. C'est pour ça que j'ai pris des photos.
Je me sens un peu bête, mais je reviens tout de même au bureau avec des photos.

— Tu m'as bien parlé d'un super système d'alarme flambant neuf ?

— Oui tout à fait. C'est une toute nouvelle alarme et il en est très fier. Il veut la garder pour son nouveau bureau.
J'étais fier de lui donner cette information, car cela montre la précision de mon questionnement.

— Bon, alors pour l'alarme, oublie ! Si son installation est nouvelle, il est sous contrat avec une autre société et on ne pourra pas la déménager. Il faut qu'il recontacte son installateur actuel. Pour peu que ce soit aussi lui qui a installé la téléphonie, il demandera aussi un devis à son installateur. Et si ce fournisseur travaille aussi le matériel informatique, alors tu peux te dire qu'il va falloir se battre pour remporter ce contrat. Le problème est qu'on n'a aucune maîtrise sur le nouveau matériel,

car il y a forcément un contrat de maintenance.
Je me sens tout mou d'un coup, tel un marshmallow fondant sur un barbecue. Il continue.

— Il faut absolument que tu récupères les documents au plus vite et que tu ailles le voir avec Fred. Rappelle-le tout de suite et demande-lui de te préparer une copie des documents que tu passeras chercher tout à l'heure. Il faudra monter le dossier au plus vite. À part cela, bravo pour ton premier entretien !

— Merci.
Une bouffée de chaleur monte dans mon dos. Je suis très probablement tout rouge.

**NOTE : Zenitude**

L'emballement est une réaction classique chez les jeunes commerciaux. Vous pouvez être fier d'une vente et d'un contrat signé. Vous pourrez espérer la signature d'une proposition en cours. Mais ne vous emballez pas trop vite si l'affaire n'est pas encore faite. Ne vendez pas la peau de l'ours avant de l'avoir tué ! Il vous arrivera de rencontrer des clients très sympathiques avec lesquels le courant passe au mieux, mais avec qui vous ne signerez jamais aucun contrat. Votre proposition pourra être la meilleure du monde, ils resteront pourtant fidèles à leurs prestataires et leurs habitudes.

— Alors, c'était difficile de respecter la structure de vente ?
Il me regarde avec un sourire.

Je lui dis que c'était simple, en lui racontant les difficultés que j'ai rencontrées pour observer le comportement tout en collectant les informations. Il me raconte ses débuts dans la société, en insistant sur l'importance de respecter la structure de l'entretien client dès les premiers entretiens.

— Faut t'y habituer ! Tu dois la connaître sur le bout des doigts. Tu pourras toujours t'y accrocher, dans tous les moments difficiles, comme dans les situations les plus simples. La structure est le squelette de la relation avec ton client. Il faut que tu l'aies en mémoire. Mais t'inquiète, tu dois y penser maintenant parce que c'est tout nouveau, mais dans quelques jours, après quelques entretiens, ce sera devenu automatique. Il faut pratiquer pour apprendre. Et plus tu en feras, plus ce sera simple pour toi ! Ensuite, tu pourras ajouter l'observation et les émotions positives. Tu pourras aussi essayer de reconnaître les émotions, comme Anne.

— Anne m'a dit que tu observes le comportement, mais que tu ne fais pas attention aux micro-expressions. Pourquoi ?

Cette question me brûle les lèvres depuis qu'Anne m'en a parlé hier.

— Tout simplement parce qu'Anne est psy et qu'elle passe sa vie dans des bouquins et des résultats d'études. Elle essaie d'appliquer ce qu'elle lit, mais elle ne passe pas assez de temps sur le terrain. Moi je vais plus sur le terrain et je n'ai donc pas le temps d'appliquer tout ce qu'elle dit. J'essaie des trucs, mais bon, voilà, j'y pense et puis j'oublie. Elle m'a parlé des micro-expressions. Perso, j'ai ma technique et j'ai de bons résultats.

Il me parle de nouveau des émotions positives et de l'importance d'être agréable et sympa avec le client. Je ne le contredis pas, car je pense moi aussi que c'est important. Mais je suis séduit par ce qu'Anne m'a expliqué hier.

La matinée se termine avec quelques tâches administratives, dont l'encodage informatique de ce premier rendez-vous. Cet après-midi, Serge a un nouvel entretien. Nous y allons ensemble, car je veux profiter au maximum de son enseignement pour être capable de vendre comme lui aussi rapidement que possible.
L'entretien avec cette PME se déroule comme les précédents. La vente est bouclée en une heure. Nous repartons avec un contrat pour deux ordinateurs et une imprimante. Bien que le montant de cette vente soit faible, Serge est satisfait, car il s'agit d'un nouveau client.

— Cette société ne nous connaissait pas. On est sortis de chez lui avec une toute petite commande, ça veut dire qu'on est devenus l'un de ses fournisseurs. La prochaine fois qu'il aura besoin de quelque chose, il pensera peut-être à nous. Et on pensera à lui régulièrement pour le remplacement du matériel existant au bon moment. Une petite vente est toujours mieux que ne rien vendre du tout. Il y a eu un contact et un achat. C'est ce qui fait toute la différence avec un autre fournisseur qui sort sans rien vendre. Un client satisfait aura une bonne image de la société et peut-être qu'il parlera de toi à d'autres personnes qu'il connaît. Il fera encore appel à la société et il nous mettra peut-être en concurrence. Un client insatisfait, ou un prospect qui n'a pas osé acheter garderont une image négative de Noetramus. Ils pourraient salir la réputation de la boîte autour d'eux. Ils risquent même d'irradier tout leur entourage. C'est pour ça qu'un commercial doit toujours soigner l'image que les clients ont de la société et de lui-même. Et c'est comme ça que t'arriveras à vendre beaucoup sur ton secteur ! Il faut fidéliser les clients par la confiance, et donner envie au prospect d'acheter chez toi !

Serge est excité par sa vente. Il est dynamique, rapide et parle aussi clairement qu'avec ses clients.
Je suis satisfait d'avoir pu observer un entretien rondement mené. J'ai pu repérer des différences avec le mien de ce matin qui était encore trop approximatif.

Une fois rentrés au bureau, Serge démarre son ordinateur qui se met à ronronner.

— Je vais te présenter deux outils partagés avec les commerciaux des deux autres agences de Noetramus. J'ai créé ces deux tableaux dès mon arrivée dans la boîte. J'utilisais déjà ça avant, quand je vendais des enseignes lumineuses aux pharmacies.

— Des enseignes lumineuses ? Et qu'as-tu vendu d'autre ?
Je suis curieux de savoir ce qu'il a fait avant d'arriver ici.

— J'ai vendu des tas de trucs depuis que je suis sorti de

l'école : de la publicité, des distributeurs de boissons, des fontaines à eau, des vêtements pour les professionnels, des enveloppes et des cartons, du mobilier de bureau et même des services logistiques. Et puis aussi plein d'autres petites bricoles aux particuliers. Mais, à chaque fois, je me suis embrouillé avec mon employeur. Problème de commissions, trop de route, trop de prospection, trop d'appels téléphoniques, de mauvais collègues, trop de déplacements souvent loin de chez moi et surtout, je déteste les caractériels comme Jean-Noël. Donc, j'ai quitté plusieurs fois mon boulot avant d'arriver ici. S'il n'y avait pas Anne et sa bonne humeur, ça fait longtemps que j'aurais changé de chef…
Tout en prononçant ces derniers mots, il pointe son index droit dans la direction du bureau de Jean-Noël Delatombe.

Il a un parcours plutôt vaste et il ne cache pas son instabilité !

— Je ne vois pas le rapport entre les produits techniques de Noetramus et tous les autres produits que tu as vendus avant. Comment es-tu arrivé ici ? Tous ces produits et services sont complètement différents.

— C'est de la vente ! Du business ! Du chiffre d'affaires ! Ce que tu vends n'a pas d'importance. C'est la relation client qui fait la vente. C'est ta valeur ajoutée qui motivera le client à acheter. Que tu vendes une enseigne lumineuse, un panneau solaire, un espace pub, un copieur ou un stylo, c'est la même chose ! Si le mec a confiance en toi, il achètera. Encore une fois, la relation client fera toute la différence. La méthode d'entretien te permettra de vendre n'importe quoi à n'importe qui. Fais comme moi : écoute le client, pose-lui des questions, observe ses réactions, transmets un maximum d'émotions positives, apporte-lui une solution sur mesure qui corresponde exactement à ses besoins, et tu vendras !

Il est très convaincant ! Il vit ce qu'il dit et je vois bien qu'il est sincère. C'est hyper motivant. Il a résumé en une phrase toute sa méthode de vente. Il faut que je sois capable de faire comme lui ! C'est mon maître Jedi ! D'ailleurs, cela me fait penser qu'il faut que je change le fond d'écran de mon ordinateur, je vais afficher la photo de Yoda.

— Cette vieille bécane est toujours un peu longue pour démarrer. Mais voilà, on y arrive…

Serge clique sur une icône placée sur le bureau de l'ordinateur. Le tableau, constitué de deux feuilles, s'ouvre sur la première. Il montre la première ligne du tableau qui renseigne l'utilisateur sur le contenu de chaque colonne.

— Comme tu peux le voir, il y a cinq colonnes et une ligne de titre. La première colonne, c'est tous les *produits et services* de Noetramus. La deuxième colonne, indique les principales *caractéristiques* de chaque item. La troisième colonne contient les *avantages* de chacun d'eux. Ce sont des informations techniques et objectives. Dès qu'un nouveau produit ou service est disponible, il est ajouté à ce tableau et les trois premières colonnes sont immédiatement renseignées par les commerciaux et par Patricia. La colonne *Bénéfices* est un peu particulière. Les informations présentes sont de nature à influencer le client. Elles sont donc subjectives.
Il me regarde et me montre une nouvelle fois ses dents à la façon d'un acteur de pub.
— Pour influencer un client à acheter, il faut l'aider à comprendre qu'il fait une bonne affaire. On a donc répertorié dans la colonne *Bénéfices* tout ce qui pourrait le persuader. Et, qu'est-ce qui va pousser quelqu'un à acheter quelque chose ? Il me regarde et attend une réponse.

— Euuuh, ben… il peut avoir envie d'acheter le produit.
Je réponds rapidement, peu convaincu de ce que je viens de dire.

— Ouais, il peut avoir envie d'acheter un nouveau photocopieur, ou de changer son vieux matos. Mais quand t'es face à un acheteur, un vrai pro des achats, ou un chef d'entreprise qui sait acheter, il faudra toujours les motiver à se décider pour ce qui les intéresse le plus : gagner de l'argent ou faire des économies ! Tu peux aussi ajouter la tranquillité.

Il réfléchit un instant et reprend sur un ton très sérieux, sûrement pour ajouter de la crédibilité à ce qu'il est en train de dire.

— Certaines personnes achètent une solution parce qu'elles veulent être sûres de ne pas avoir de problèmes. Elles acceptent parfois de payer un prix plus élevé pour avoir cette tranquillité. Il faut donc vendre de la qualité. C'est pour ça que nous travaillons avec de grandes marques réputées, et que nous proposons systématiquement un service de maintenance performant. On veut limiter les problèmes et aussi avoir ces clients-là chez nous.

Il retire sa veste, s'étire le cou et pose sa grosse montre en acier sur le bureau.

— Mais à côté de ce type de clients, il y a toutes les personnes que tu influenceras par l'argent. Quand un chef d'entreprise signe un bon de commande, il engage sa société et son fric. L'acheteur est responsable du budget d'achat, et donc d'une partie des coûts de l'entreprise. Les aider à gagner de l'argent et leur faire faire des économies sont deux leviers essentiels que tu devras toujours garder en mémoire. C'est clair ?

Il pose son doigt sur l'écran et pousse tellement fort sur la surface qu'un halo multicolore apparaît sous la pression. Le mot *Bénéfices* disparaît jusqu'à ce qu'il retire son index.

— La colonne *Bénéfices* contient des informations clés à retenir sur chaque produit et service. Ce sont les éléments qui feront pencher la balance de ton côté. Quand tu présenteras ta solution au client, il faudra toujours penser à t'exprimer en mettant en avant les bénéfices, c'est-à-dire ce qu'il va gagner ou ce qu'il va économiser.

C'est la première fois que je vois un tel tableau. C'est impressionnant, tout est répertorié et trié. Tous les produits et services sont classés par famille. Il y a quelques caractéristiques et avantages pour chacun d'eux. Les bénéfices sont indiqués de la même manière.

— À quoi sert la colonne *Nom* ?

Bien qu'il n'en ait pas encore parlé, je sais déjà qu'il s'agit des noms des commerciaux, puisque je peux lire le sien et celui d'Anne.

— Fastoche ! C'est là qu'on met le nom de la personne qui a ajouté le bénéfice dans le tableau. Quand je l'ai créé, Jean-Noël a demandé aux vendeurs des trois agences de participer au remplissage du tableau et à sa mise à jour régulière. Nous en avons fait un outil collaboratif. Il est partagé entre les agences et le chef veille à ce que tous les vendeurs prennent connaissance des nouvelles mises à jour toutes les semaines. C'est aussi lui qui nous motive à le remplir. C'est important que ce tableau soit toujours à jour. Le principe est d'aider chaque vendeur à augmenter ses compétences et à avoir les meilleurs arguments face aux clients.
Il prend de nouveau un air sérieux.

— Ce qui a profité à l'un profitera aux autres ! Tu entendras souvent cette phrase. Jean-Noël la répète tout le temps. Entre nous, ça énerve Anne... mais ne le dit pas au chef, il est très susceptible !

Je souris et je continue à l'écouter.

— On n'est pas du tout en concurrence parce qu'on travaille sur des secteurs géographiques différents. Le partage d'informations nous aide vraiment à vendre plus. Donc, quand on repère un bénéfice qui a intéressé un client, on l'indique dans le tableau. Après, on écrit notre nom. Si un autre vendeur ne comprend pas le sens précis du bénéfice qui est indiqué, alors il peut questionner celui qui a mis l'info.

Pas mal du tout ! Je pensais que les vendeurs étaient en concurrence. En fait, c'est tout le contraire.

— Et en pratique, comment est-ce que ça fonctionne ?

J'aime bien les choses concrètes.

— Ben… euh... par exemple, tu vas chez un client. Pendant l'entretien t'identifies qu'il pourrait avoir besoin d'un smartphone. Il pourrait l'utiliser pour envoyer des e-mails, se connecter à Facebook, Twitter, Linkedin, ou d'autres réseaux sociaux, et bien sûr pour téléphoner. Donc, un smartphone pourrait être le produit idéal. La plupart des vendeurs parlent des caractéristiques du produit alors que, face à eux, ils ont un chef d'entreprise qui n'y connaît pas grand-chose. Dès qu'on parle de produits techniques, c'est très facile de perdre le client avec des informations qu'il ne comprend pas. Il est aussi possible qu'il les comprenne en partie, mais il ne dira pas qu'il ne comprend pas tout. Pire, certaines informations pourraient lui faire peur. Il peut aussi avoir entendu parler de certaines choses, ou lu des articles sur Internet, qui seraient en contradiction avec la réalité et qui nuiraient à ta vente. Donc le plus simple est de parler son langage et de rejoindre ses centres d'intérêt : ce qu'il va gagner ou économiser.

Il dit cela comme si c'était tout naturel pour lui. Voyant que j'ai un peu de mal à imaginer ce que cela donnerait face à un client, il continue.

— OK, imagine la situation suivante. Au lieu de citer toutes les caractéristiques techniques du smartphone, tu peux dire :
Il change de position, et semble se concentrer un bref moment, avant de me parler comme si j'étais un client…

— Avec ce téléphone, vous pourrez, bien sûr, recevoir des appels et contacter vos clients. Vous pourrez en plus bénéficier de tous les avantages d'Internet, à savoir vous connecter sur des sites, envoyer et recevoir des e-mails, accéder aux réseaux sociaux, vous connecter à votre banque, et tout un tas d'autres services. Le plus important est que vous gagnerez en réactivité. Le temps est important pour vous comme il l'est pour vos clients.
En changeant de ton, il ajoute :

— Je parie que quand tu lui diras ça, il fera « oui » de la tête, et peut-être même plusieurs fois !
Et il reprend immédiatement comme s'il était de nouveau en face d'un client :

— Donc, en plus des fonctions de base du téléphone, vous serez beaucoup plus productif. Vous pourrez accéder à vos documents en ligne ou accéder à votre serveur. Vous pourrez répondre aux demandes de vos clients dès qu'elles vous parviendront. Vous aurez accès à vos tableaux et à toutes les

informations qui vous permettront d'établir des devis à distance, directement à partir du traitement de texte, cela, quel que soit l'endroit où vous êtes. Vous ne perdrez plus de temps et vous gagnerez en réactivité. Vous pourrez répondre plus efficacement au client. Ce smartphone est un outil professionnel qui vous permettra de gagner de nouvelles affaires.
Il s'arrête et me regarde en haussant les épaules.

— Oui… enfin voilà… quelque chose comme ça. C'est dans la logique de présentation du produit et de la mise en avant des bénéfices pour le client. Il faut bien sûr adapter ton discours aux clients et aux produits proposés. C'est pour ça que la découverte du client est essentielle. Tu dois trouver les leviers sur lesquels t'appuyer pour lui proposer une offre sur mesure.

Évidemment, je me doute bien qu'il ne dit pas la même chose à tout le monde. Je lui réponds :

— Très bien, j'ai compris. Je vais étudier ce tableau et je vous aiderai à le compléter.

— Il faut vraiment que tu apprennes ce tableau par cœur. Tu dois connaître sur le bout des doigts tous les bénéfices de chaque produit et service. Quand t'es chez le client, tu dois être capable d'exprimer les bons arguments aux bons moments. Ça doit venir tout seul, sans effort. La moindre hésitation pourra être perçue par le client comme un doute quant à ta capacité à lui apporter une solution fiable. On en revient une nouvelle fois à la confiance. Grâce à ce tableau, tu connaîtras tous les bons arguments pour vendre. Ce n'est pas beau ça ?
Il me sort encore une fois son sourire plus blanc que blanc, à faire rougir de honte une ménagère qui n'aurait pas utilisé la bonne lessive.

Le tableau est énorme, mais je comprends bien son intérêt. Avec un peu de courage et de lecture régulière, je devrais pouvoir assimiler toutes ces informations en quelques semaines. Serge a l'air convaincu par les bénéfices de ce tableau. Et quand je vois l'énergie que les commerciaux ont déployée pour le créer, je me dis qu'il a une vraie valeur. Il me livre tous les arguments sur un plateau. Cela devrait me permettre d'être rapidement plus

Exemple de tableau : les caractéristiques, avantages et bénéfices

| Produits & services | Caractéristiques | Avantages | Bénéfices | Nom |
|---|---|---|---|---|
| Smartphone | - Téléphoner<br><br>- Envoyer et recevoir des SMS | - Accéder à des bases de données à distance | - Gagner de nouvelles affaires (gain de temps) | Anne |
| | - Envoyer et recevoir des e-mails<br><br>- Accès à Internet en 3G / 4G et WIFI<br><br>- etc. | - Consulter des informations sur Internet à tout moment<br><br>- Rester connecté avec vos collègues, clients et partenaires<br><br>- etc. | - Éviter d'aller au bureau pour consulter ses e-mails (économie de temps et d'argent)<br><br>- etc. | Serge |
| Photocopieur avec scanner et disque dur | - Scanne les documents à la vitesse de 15 pages par minutes. | - Envoyer des documents par e-mail | - Permet d'être plus réactif vis-à-vis des clients (gain potentiel) | Anne |
| | - Enregistre les fichiers au format PDF | - Sauvegarde automatique de tous les documents sans devoir s'en occuper | - Éviter les pertes de documents (donc limiter les pertes d'argent) | Anne |
| | - Sécurisation et stockage des fichiers créés sur disque dur<br><br>- etc. | - Sécurisation des documents dans une base de données.<br><br>- etc. | - Économie d'une solution de sauvegarde plus onéreuse<br><br>- etc. | Serge |

performant sur le terrain. Il faut que je l'imprime pour l'étudier aussi vite que possible. J'en garde une copie dans mon sac. Ce sera mon nouveau livre de chevet.

**NOTE : Un outil de management**

Ce tableau permet aussi de faciliter l'intégration des nouveaux collaborateurs. Dès leur entrée dans la société, ils disposent de l'ensemble des arguments clés pour convaincre le client. Le côté collaboratif permet aussi de travailler sur un projet d'équipe, tout en permettant à chaque vendeur de bénéficier de l'expérience de ses collègues. Cela peut être intéressant pour un manager qui souhaite rapprocher des collaborateurs séparés géographiquement.

— Le second tableau est aussi un outil collaboratif. Serge ouvre la seconde feuille du fichier. Un tableau en trois colonnes apparaît. Les titres des colonnes apparaissent écrits en bleu : *Objections, Réponses, Nom*

— Je pense que je sais ! Dans la première colonne, ce sont les objections du client ; la deuxième colonne, les réponses aux objections ; et dans la troisième, le nom des commerciaux qui ont écrit les réponses efficaces.
Je suis tellement content de moi que j'ai dit tout cela d'un trait, sans respirer.

— Bravo ! C'est exactement ça ! Tu sais que t'es bon toi !
Il me regarde d'un air satisfait.
— Ce tableau est aussi rempli régulièrement. Je t'encourage vivement à mémoriser toutes les réponses aux objections les plus courantes que nous avons. Tu dois être capable d'amener la réponse au client instantanément sans réfléchir. Même chose que pour les bénéfices des produits, tu ne dois surtout pas montrer une hésitation. La réponse doit venir naturellement pour que le client reste en confiance. Dis-toi que s'il a une objection, ça signifie qu'il a un doute. Il faut impérativement éliminer une objection dès son apparition. Tu veux lui faire dire « oui », et lui

il pense « non ». C'est le reflet d'une émotion négative. La réponse à l'objection doit permettre de transformer le « non » en « oui ». Une fois que tu amènes la réponse, tu dois lui faire valider qu'il ait bien compris.

Bon, là, je n'ai pas compris ce qu'il m'a dit. Je lui demande un exemple.

— On prend la première objection. Le client te dit *C'est trop cher.* C'est toujours trop cher pour certains, mais peu importe, tu dois répondre vite et bien. Tu peux argumenter et défendre tes prix et tes produits. Ça veut dire que tu vas devoir entrer dans une discussion qu'il pourrait percevoir comme un conflit. Tout ça crée des émotions négatives, exactement le contraire de ce qu'on veut. Tu peux aussi lui retourner une question, comme c'est indiqué dans le tableau. Si tu lui demandes *Par rapport à quoi ?*, et qu'en plus tu prends un air surpris, il pourra douter du bien-fondé de sa réponse. Il sera obligé de réfléchir pour répondre à son tour. Ce qui te laissera aussi un peu de temps pour anticiper une réaction. Pousser le client à réfléchir permet aussi de lui faire prendre conscience qu'il a tort ! Il peut aussi avoir des arguments. Néanmoins t'auras plus de temps pour amener les tiens. Quand il doit répondre à la question, la pression est temporairement sur lui et elle n'est plus sur toi.

C'est logique, mais il fallait y penser. Ce second tableau permet également de rassembler les compétences de l'ensemble des vendeurs. Je vais aussi imprimer et l'étudier !

**NOTE**

Ce tableau collaboratif présente le même intérêt que le précédent lors de l'intégration de nouveaux collaborateurs.

Exemple de tableau : le traitement des objections

| Objection | Réponse | Nom |
|---|---|---|
| - C'est trop cher. | - Par rapport à quoi ? | Serge |
| | - Notre technologie est évolutive. | Anne |
| - J'ai peur que ça ne marche pas chez moi. | - Notre technologie est fiable. Elle a été étudiée pour répondre à toutes les situations que nos clients peuvent rencontrer. | Jean Noël |
| - Pourquoi aurais-je confiance en votre société alors que je me suis déjà fait arnaquer par l'un de vos commerciaux il y a 4 ans ? | - Je connais votre dossier : la solution qui a été installée chez vous correspondait parfaitement à l'analyse des besoins qui a été faite. Le matériel et les services préconisés à l'époque étaient adaptés à votre société. Mais la technologie évolue, c'est pourquoi je suis venu aujourd'hui réaliser un nouvel audit. | Serge |
| | - Mon collègue a réalisé une étude des besoins en fonction des éléments qui lui ont été transmis à l'époque. L'offre qui vous a été remise tenait compte des paramètres calculés sur la base de ces éléments. De plus, nous faisons toujours au mieux pour appliquer les réductions quand il y en a. Je connais mon collègue, il vous a certainement fait un très bon tarif. | Anne |

Une fois les tableaux imprimés, Serge me parle de prospection. Il insiste sur l'importance de prospecter efficacement et de qualifier chaque nouveau contact.

— Il faut que tu rencontres un max de personnes. Sélectionne une ville ou un quartier dans lequel il y a des entreprises et va taper à toutes les portes. Tu entres, tu te présentes, tu prends les infos, tu peux essayer de convenir d'un rendez-vous, et tu sors. Et ainsi de suite, jusqu'à ce que tu termines la rue. Tu passes ensuite à la rue suivante. C'est un travail de fourmi qui te permettra de prendre des contacts et de rencontrer plein de gens.

Parfois, tu verras le chef d'entreprise, parfois tu t'arrêteras à l'accueil. Ne néglige pas les agents d'accueil et les assistantes. Ils peuvent te fournir beaucoup d'infos, surtout dans les PME et les PMI. Prends des cartes de visite de toutes les personnes que tu rencontres et distribue les tiennes. Si tu rencontres une assistante à l'accueil, demande-lui de te mettre le cachet de l'entreprise sur ton cahier de prospection.

— Le cachet de l'entreprise ? Pour quoi faire ?
Je ne vois pas à quoi cela pourrait me servir.

— C'est très simple ! Premièrement, cela t'évitera de noter le nom et l'adresse. Tu récupères d'un seul coup les coordonnées et parfois aussi le numéro de téléphone. Ça va beaucoup plus vite ! En plus, il y a souvent aussi un numéro de SIRET. C'est le numéro d'identification officiel de l'entreprise. Il te suffit de faire une recherche sur un site d'information des entreprises, comme *societe.com* ou *infogreffe.fr* et tu en sauras déjà beaucoup plus sur la société. Tu peux utiliser d'autres sites si tu préfères, mais les informations que j'y trouve sont suffisantes.

— À quoi ça sert d'aller sur ces sites Internet ?

— Nous vendons à des petites entreprises. Nous ne sommes pas spécialisés dans la vente aux grands groupes. C'est notre cible. Elle sera peut-être plus large dans le futur, mais pour l'instant c'est la cible choisie par le big boss. Avec le numéro de SIRET, tu sauras si ton prospect est une petite boîte ou s'il s'agit d'une agence faisant partie d'un grand groupe. Imagine que tu entres dans un petit magasin. Tu rencontres le responsable et tu prends un rendez-vous avec lui. Il te dit aussi qu'il est responsable des achats. Bref, tu y passes une heure et à la fin il te dit qu'il ne peut pas prendre de décision, aucun engagement possible. Sauf que, ce qu'il ne t'a pas dit, c'est qu'il est responsable des achats pour du tout petit matériel, comme des fournitures de bureau ; il a un tout petit budget pour acheter une souris d'ordinateur ou pour quelques câbles. Mais pour ce qui est des achats plus importants, tout est géré par une centrale d'achat ou par le siège situé à Paris ou à New York. En fait, tu es entré dans un magasin ou une agence qui fait partie d'un groupe beaucoup plus grand. Ce prospect est hors cible. Le processus de décision est beaucoup plus complexe et bien plus lent. C'est la principale raison pour laquelle nous ne vendons pas aux grandes entreprises. Si tu vérifies le type d'entreprise que tu as face à toi avant de prendre rendez-vous, tu éviteras ce genre de problèmes.

— Je peux aussi leur demander. Ils me diront s'ils font partie d'un groupe.

— Oui, ils te le diront probablement. Mais tu vas vraiment demander à chaque personne que tu rencontres si sa société fait partie d'un groupe ? Tu risques d'oublier une fois sur deux, voire plus ! En plus, quand tu entres dans une entreprise qui a l'air petite et peu structurée, il y a aussi beaucoup de chance pour que tu penses que c'est une petite boîte indépendante. C'est là qu'il faut faire attention aux préjugés. On ne sait pas toujours qui on a face à soi. C'est possible que le mec que tu rencontres soit à la tête d'un réseau beaucoup plus grand. Comme c'est aussi possible qu'il ne soit qu'un petit maillon d'une chaîne, et qu'il n'a aucun pouvoir de décision. Il faut être méfiant et toujours vérifier un minimum d'informations avant de te rendre au rendez-vous.

Je pourrais penser que Serge est parano, mais quelque chose me dit qu'il a raison. J'ai aussi rencontré des clients qui roulaient dans de très belles voitures de luxe et qui étaient très bien habillés. Au moment de payer leur canapé en cuir, ils demandaient un crédit en 10 fois sans frais qui était refusé. Les préjugés sont dangereux. Nous pensons certaines choses des gens, et en fait la réalité est tout autre.

— Fais le tri dès que tu rentres au bureau. Si t'as réussi à prendre des rendez-vous quand t'étais chez le prospect, note-les dans ton agenda et renseigne-les aussi dans notre super application de gestion client. Jean-Noël est très exigeant sur ce point ! Ensuite, il faut trier les prospects intéressants et ceux qui le sont moins. Il faut aussi les organiser par priorités. Il y a ceux à contacter rapidement, chez qui tu penses qu'il est possible d'y faire quelque chose. Et puis, il y a les autres que tu contacteras plus tard, car t'as pas encore assez d'infos sur eux, ou alors t'as détecté qu'il n'y a pas de besoins immédiats. Pour les prospects intéressants, tu les ajoutes à ta liste de prospection téléphonique. Tu les appelleras pour prendre un rendez-vous très vite, donc dès la semaine suivante. T'appelleras les autres plus tard, pour obtenir quelques informations sur leur société et leurs besoins.

Cela me paraît clair et logique. C'est comme cela que j'ai vu les choses. Je ne suis donc pas surpris. Il continue.

— Dans tous les cas, il faut renseigner tous les contacts, les clients et les prospects dans RAM16. C'est lourd et ça prend du temps ! On en a déjà parlé et tu sais ce que j'en pense.

Il s'arrête un instant et détourne le regard vers la fenêtre.
— Cela dit, il faut reconnaître que c'est pratique d'avoir tous ses contacts au même endroit. Le système est très puissant si tu renseignes correctement chaque fiche client, en indiquant des dates de rappel et des indications sur les derniers contacts. Le problème est que c'est horriblement chronophage !
Il me regarde de nouveau et dit en soupirant :
— Il faut s'y faire !
Puis il reprend ensuite sur un ton méprisant.
— Nous devons utiliser les outils de la boîte, alors que je pense qu'un simple tableau Excel pourrait suffire. Enfin, c'est comme ça…
Il soupire encore et boit un grand verre d'eau.

Je lui demande :
— Tu as parlé de prospection téléphonique. Vous avez des listes d'entreprises à appeler ?

— Naaan ! Je viens de te le dire. C'est TOI qui dois créer ta liste de prospects à appeler, sur la base de TA prospection terrain. Tu peux aussi chercher des entreprises sur Internet, dans des catalogues, à la chambre de commerce, rencontrer des associations ou des groupements d'entreprises, des business clubs... Tous les moyens sont bons ! Écoute, toutes les entreprises ont besoin des produits que nous vendons ! Est-ce que tu connais une seule entreprise qui n'a pas besoin d'un téléphone, d'un ordinateur, d'un photocopieur et d'une alarme ?

— J'ai compris. Toutes les petites entreprises de mon secteur géographique sont des cibles potentielles.

— Exactement ! Et ne te bride surtout pas, hein ! Un professionnel ne peut pas se passer de nous. Et c'est ton boulot de le lui faire savoir !

J'ai l'impression d'entendre l'un de ces coachs que l'on peut voir dans des émissions à la télévision. Il continue en parlant plus fort et de façon rythmée en appuyant sur certains mots.

— C'est très important de respecter le planning de la semaine pour être sûr d'optimiser ton temps et de réaliser un maximum d'entretiens. Tiens, c'est celui qu'on utilise, Anne et moi. Je te conseille vivement de respecter la même organisation. C'est la meilleure qu'on ait trouvée !

Il me montre une feuille de papier au format A4 collée sur le mur au-dessus de lui.

— Je l'ai accroché dans le bureau comme ça si un flemmard de *techno* me cherche, il sait quand je suis au bureau. Tu verras qu'ils évitent souvent de téléphoner. Et quand ils le font, ils ne laissent jamais de message. C'est des autistes, ils ne savent pas communiquer !

| LUNDI | MARDI | MERCREDI | JEUDI | VENDREDI |
|---|---|---|---|---|
| 9 h<br>Réunion commerciale<br><br>—<br>Adminis-tratif<br>—<br>préparation de la semaine<br><br>— Dossiers en cours | 9 h<br>Rendez-Vous<br><br>Ou<br><br>Qualification de fiches de prospection | 9 h<br>Prospection<br><br>Ou<br><br>Rendez-Vous | 9 h<br>Prospection<br><br>Ou<br><br>Rendez-Vous | 9 h<br>Prospection<br><br>Ou<br><br>Rendez-Vous |
| 12 h 30 — 14 h : Pause déjeuner | | | | |
| 14 h<br><br>Prospection<br><br>Ou<br><br>Rendez-Vous | 14 h<br><br>Prospection<br><br>Ou<br><br>Rendez-Vous | 14 h<br><br>Prospection téléphonique | 14 h<br><br>Prospection<br><br>Ou<br><br>Rendez-Vous | 14 h<br><br>Prospection<br><br>Ou<br><br>Rendez-Vous |
| Fin de journée<br><br>Prospection Tel<br><br>ou<br><br>Dossiers en cours | Fin de journée<br><br>Prospection Tel<br><br>ou<br><br>Dossiers en cours | Fin de journée<br><br>Prospection Tel<br><br>ou<br><br>Dossiers en cours | Fin de journée<br><br>Prospection Tel<br><br>ou<br><br>Dossiers en cours | Fin de journée<br><br>Prospection Tel<br><br>ou<br><br>Dossiers en cours |

L'activité des commerciaux de Noetramus est planifiée sur les cinq jours de la semaine, du lundi au vendredi. L'activité précise définie doit être scrupuleusement respectée. L'expérience des vendeurs a montré que certains moments de la journée et de la semaine sont plus propices pour rencontrer les prospects ou les contacter par téléphone. La semaine est découpée en plusieurs demi-journées, en tenant compte des impératifs de

fonctionnement de Noetramus et du fonctionnement général des prospects et clients.
La journée de travail commence à 9 heures tous les jours, et se termine à 18 heures. La pause-déjeuner dure de 12 h 30 à 14 heures. Cela peut paraître long à première vue, mais c'est en fait très court. Serge m'explique que le premier rendez-vous du matin peut déborder au-delà de 12 h 30. Il faut aussi du temps pour se rendre au premier rendez-vous de l'après-midi, qui commence à 14 heures.

— Un commercial doit réaliser entre huit et douze entretiens par semaine. C'est donc super important de prospecter pour prendre tes rendez-v'. Tu vas rencontrer des prospects ou des clients existants. Dans tous les cas, l'objectif est de rencontrer les entreprises dans le but de leur vendre ta came !
Il prend un stylo BIC dans son pot à crayon et se cure l'oreille avec le bouchon pendant qu'il parle, avant de l'enfoncer dans la bouche et d'en lécher l'extrémité.

Étant donné que je démarre dans la société, je ne pourrai rencontrer que des prospects. Chaque vendeur étant responsable d'un secteur précis, je ne devrais pas être en contact avec les clients de Serge et d'Anne. Il va falloir que je prenne mon courage à deux mains et que je prospecte autant que possible pour remplir mon planning.

— Le lundi matin, de 9 heures à 10 heures, on gère tout l'administratif de la semaine passée, on calcule les frais et on lit les mails arrivés pendant le week-end. Il y a une réunion commerciale, avec Jean-Noël, à 10 heures précises. Ça dure environ une heure, mais ça peut durer jusqu'à une heure et demie. Elle est obligatoire pour tous ! C'est là qu'on fait un point sur la semaine précédente et sur la planification de la nouvelle semaine. Les commerciaux des deux autres agences viennent une fois par mois. Les autres fois, ils y assistent en conférence téléphonique ou par Skype, c'est plus pratique vu la distance entre les agences. Jean-Noël parle des ventes réalisées, des objectifs et des prévisions. Il présente aussi les nouveautés de la semaine, avec l'aide de Fred.

Il mime le geste de visser avec un tournevis.

— Dès que la réunion est terminée et qu'on a bu un café, il faut préparer la semaine !
Il prend un air sérieux, tout en continuant à manipuler le bouchon de son stylo qu'il utilise une nouvelle fois pour se curer l'oreille.

— Vu qu'on doit faire entre 8 et 12 rendez-vous chaque semaine, il faut préparer 12 dossiers de vente. Tu les prépares le lundi, comme ça t'auras plus qu'à les prendre pour aller en entretien.

Il attrape un dossier posé sur son bureau et l'ouvre avec la dextérité d'un horloger qui tiendrait une montre à un million d'euros. Un dossier de vente est une pochette cartonnée aux couleurs de Noetramus, dans laquelle il y a un bon de commande, un contrat de maintenance et une demande d'accord de financement. Il me le présente brièvement.

— Il faut toujours être prêt à signer !

Le mot *signer* a été prononcé avec tellement de force et de conviction qu'il m'a fait sursauter. Je pense qu'à ce moment précis, il analyse mes réactions. Je souris à mon tour et je hoche la tête pour lui montrer que j'ai bien compris ce qu'il me dit.

— L'objectif est d'éliminer une partie des risques liés à la précipitation. Ce serait dommage de perdre une vente parce qu'il te manque un document administratif obligatoire. Les dossiers sont constitués le lundi matin avec les trois documents administratifs. Donc, quand tu vas en rendez-v', t'as plus qu'à les prendre sur la pile et les faire signer au client ! Fastoche, hein ?

Tout cela paraît simple pour lui, mais c'est encore un peu flou pour moi...

— C'est aussi le lundi matin que tu dois t'assurer que t'as bien les dernières promos de la semaine dans ta mallette. C'est aussi le bon moment pour récupérer les dernières fiches techniques du nouveau matériel qu'on peut vendre.

Il me montre brièvement des documents imprimés à partir d'Internet.

— S'il reste du temps en fin de matinée, tu pourras travailler sur des offres en cours, c'est du travail sur dossier. Tu devras aussi appeler des clients ou des prospects pour prendre des rendez-vous. C'est clair ?
Il mord la partie pointue du bouchon de stylo.

J'ai l'impression que la charge de travail du lundi matin est énorme. Bon, on verra bien comment les deux commerciaux gèrent tout cela. J'essayerai de les imiter.

L'après-midi est consacré à la prospection sur le terrain ou à des entretiens chez le client. La même activité est prévue les autres jours de la semaine, sauf le mercredi. Deux rendez-vous sont pris par après-midi : l'un à 14 heures, l'autre à 16 heures. Bien sûr, le vendeur doit s'adapter aux disponibilités des clients. La durée est d'une heure, ce qui est communément accepté par la grande majorité des clients. Le commercial dispose alors de suffisamment de temps pour se rendre au rendez-vous suivant. Il est conseillé de regrouper les rendez-vous en fonction de la proximité géographique, pour des raisons de stress et de rentabilité.

Le mardi matin est une plage destinée aux rendez-vous, de même que les autres matins de la semaine. Deux rendez-vous sont pris par matinée, à 9 heures et 11 heures. Serge m'explique ensuite que le mardi matin est aussi un moment intéressant pour qualifier les fiches de prospection. La prospection terrain et les recherches à distance (Internet, fichiers, catalogues...) permettent de collecter les coordonnées d'entreprises. Les commerciaux appellent les prospects par téléphone dans le but d'obtenir des informations qu'ils utiliseront plus tard lors d'une session de prospection téléphonique. Ces informations sont renseignées dans l'application informatique de gestion client.

Le mercredi après-midi est consacré exclusivement à la prospection téléphonique. Les commerciaux passent plusieurs heures au téléphone dans un seul but : prendre des rendez-vous pour remplir la fin de semaine et la semaine suivante. Ils appellent les clients et prospects sur la base d'informations renseignées dans le logiciel de gestion client. Ils utilisent aussi la prospection des derniers jours et les fiches des prospects qualifiés le mardi matin. Ils doivent blinder leur planning pour atteindre leurs objectifs de rendez-vous et de ventes.
L'activité commerciale de Noetramus est essentiellement basée sur une cible de petites entreprises chez qui il est possible de vendre rapidement, en une seule visite. Cela permet de limiter le temps administratif consacré à la création de propositions commerciales complexes. Les vendeurs réalisent leurs propositions de solutions directement devant le client. Ils ont donc relativement peu de travail sur dossier. Néanmoins, il peut être nécessaire de réaliser quelques offres écrites. Le mode de fonctionnement commercial doit normalement limiter cela. C'est pourquoi le travail sur dossier est placé en fin de journée s'il est nécessaire de produire une offre spécifique pour un client.

La prospection téléphonique est aussi intéressante en fin de journée. Serge me dit avoir remarqué qu'il est plus facile de contacter les décisionnaires quand les secrétaires et assistantes sont absentes.

— Le moyen le plus simple de passer le barrage de la secrétaire est tout simplement d'attendre qu'elle soit partie ! C'est la même chose pour le mercredi après-midi. Une partie des assistantes et des secrétaires sont chez elles avec leurs gamins.

Je n'avais pas pensé à ce détail, mais c'est vrai que je voyais plus souvent des dames dans mon magasin de meubles le mercredi après-midi que les autres jours de la semaine.

**NOTE : Planning et organisation**

Les réunions ont souvent lieu le lundi matin. C'est le jour que choisissent de nombreuses entreprises pour réunir leurs collaborateurs et préparer la semaine à venir. Si vous organisez des réunions, autant les placer le lundi matin en même temps que vos prospects et clients ! De toute façon, une partie d'entre eux ne seront pas disponibles pour vous parler. Ce sera le cas de nombreux managers, directeurs, acheteurs, et décisionnaires. C'est pourquoi il est préférable de consacrer votre temps et votre énergie à d'autres tâches.

Si vous travaillez aussi le samedi : il faudra bien sûr adapter votre planning en y ajoutant ce jour et en retirant la journée de récupération pendant la semaine. Il est nécessaire de tenir compte de l'activité de vos prospects afin d'optimiser au mieux vos chances de vendre. C'est pourquoi il est important de bien connaître le fonctionnement et les habitudes de sa cible.

Ce planning est propre à la société Noetramus. Sa structure permet d'optimiser au maximum le temps et le rendement des commerciaux. L'activité des vendeurs est organisée pour leur permettre de rencontrer un maximum de clients, nouveaux ou existants. Le rythme est logique et adapté à la cible. L'objectif principal est de générer continuellement de nouvelles commandes, tout en étendant le parc de clients.

Si votre activité ne permet pas de proposer des solutions immédiates à vos clients, ou s'ils ont besoin d'un temps de réflexion avant de se décider, cela aura une conséquence sur votre chiffre d'affaires. Chaque nouveau rendez-vous avec un même prospect / client diminue vos possibilités de rencontrer d'autres prospects / clients. Ce point est très important à garder à l'esprit, surtout si vous êtes payé à la commission. Souvenez-vous que rencontrer un client une deuxième ou une troisième fois peut représenter une perte de temps considérable. Au temps passé en entretien, vous devez y ajouter le temps perdu pour les déplacements (et toutes les

petites pertes de temps avant et après le déplacement). On a vite perdu une matinée ou un après-midi. Si vous devez rendre un dossier ou une proposition commerciale structurée, vous pouvez encore ajouter de nombreuses minutes perdues (voire des heures !). Il faut y réfléchir, créer le document, vérifier qu'il ne reste aucune erreur, l'imprimer et éventuellement penser à prendre d'autres documents pour présenter votre offre. Vous pouvez aussi ajouter une présentation plus complexe à l'aide d'un PowerPoint, d'images, de chiffres... Cela peut aider à convaincre le client, mais il faut aussi mesurer l'impact sur l'ensemble du chiffre d'affaires.
Posez-vous cette question : combien pourrai-je gagner en plus si je ne réponds pas à la demande de ce client ? (car vous pourriez devoir le rencontrer pour un second entretien et en plus devoir défendre votre proposition).

Si votre activité le permet, il peut être préférable de ne pas revoir un prospect qui refuse votre première offre au premier rendez-vous. Je connais de nombreux commerciaux qui agissent ainsi. Ils rencontrent le client une seule fois. Un second rendez-vous est presque inenvisageable. Ils le rencontreront une nouvelle fois uniquement si cela est vraiment nécessaire. Dans la grande majorité des cas, ils passent au prospect / client suivant. Ces commerciaux vendent des produits et des services aux professionnels comme aux particuliers. Ils commercialisent des offres avec des produits de grandes marques et des solutions de qualité, parfois très complexes. Leurs entreprises sont prospères et certains vendeurs gagnent des fortunes ! Bien qu'étant fictive, Noetramus est l'une de ces sociétés… Vous y penserez peut-être la prochaine fois lors d'une négociation avec un vendeur.

La journée s'est terminée calmement. J'ai préparé ma prospection terrain du lendemain en traçant sur une carte les principaux axes. J'ai tout simplement photocopié un plan sur lequel j'ai surligné des rues à l'aide d'un feutre fluorescent. Cela m'aidera à me repérer quand je serai en ville.

Sur la route du retour, j'ai fait un détour par une librairie située au coin d'une rue. Je pensais y trouver quelques livres intéressants, mais il n'y avait que des bouquins de vente classique. J'en ai feuilleté quelques-uns rapidement, mais ils n'abordent pas la relation client de la même façon que chez Noetramus. J'ai besoin d'informations simples et opérationnelles tout de suite, car je dois être capable de générer du chiffre d'affaires dès la semaine prochaine. La méthode de Serge et Anne est très intéressante, car elle permet de signer rapidement des contrats. Il va falloir que j'approfondisse dans cette direction. Mais où trouver des livres ? Je passerai à la bibliothèque samedi. Si je ne trouve pas immédiatement, je demanderai un conseil au bibliothécaire. Il y a tellement de choses dans cette énorme bibliothèque, je devrais trouver ce que je cherche ! Enfin, j'espère…

Ce soir-là, Lucie est en ligne. Elle a posté de nouvelles photos sur Facebook et m'a encore envoyé une invitation pour un de ces jeux stupides et addictifs qui ne m'intéressent pas. J'ai déjà plus de quarante invitations de ce type en attente... une de plus que je n'accepterai pas.

> Bonsoir Lucie. Comment vas-tu ? Ça me fait plaisir de te voir sur le chat.
> 20:47

Serge utilise des émotions positives avec ses clients. Je pourrais aussi les utiliser avec Lucie. Ce qui marche avec un prospect pourrait tout aussi bien marcher avec elle.

> Très bien merci. Je pensais à toi tout à l'heure quand j'ai posté la photo du canard sur Facebook. Coin coin coin. Ça me fait penser aux commerciaux qui racontent des tas de conneries à leurs clients. LOL.
> 20:48

Quelle photo de canard ? Pas vu. Tant pis. Mais pourquoi elle me prend pour un canard ? Je voulais être sympa et faire bonne impression. Apparemment, ce ne sera pas pour ce soir.

*PING* ! Un nouveau message.

> Mais ta photo me fait plutôt penser à un pingouin.
> 20:48

De mieux en mieux. Cela dit, pour une fois je suis bien habillé ! Ces derniers temps, quand on s'est croisés, j'étais plutôt en jeans-baskets et pulls à capuche.

Je n'ai pas encore eu le temps de répondre que le message suivant arrive.

> Tu ne réponds pas ?
> 20:48

Bon sang ! Combien a-t-elle de doigts pour taper aussi vite ?!!

> Serais-tu dispo samedi pour faire du shopping avec moi ? Je dois acheter quelques vêtements : chemises, cravates et un costume.
> 20:49

> Faire les boutiques avec un mec, c'est pas trop mon truc !
> 20:50

Elle a répondu immédiatement, mais je savais qu'elle rigolait. Nous avons ainsi échangé une dizaine de messages. Nous avons rendez-vous ensemble samedi à 14 heures dans le centre-ville, près de la fontaine. Cela fait un moment que je ne l'ai pas vue. On aura sûrement plein de choses à se dire. J'irai donc à la bibliothèque samedi matin dès l'ouverture.

# 6. LES INDICATEURS COMPORTEMENTAUX

Vendredi 25 janvier 2013

8 h 49. Une vibration sourde résonne dans ma poche. Un SMS vient d'arriver. J'espère que c'est Lucie. Elle m'annonce peut-être qu'elle n'est pas disponible demain, ou alors me souhaite bon courage pour la journée. Je prends mon téléphone un peu précipitamment, je manque de le faire tomber. Ah non, c'est un SMS d'Anne.

> J'ai rendez-vous à 11 h à 3 km. Tu peux m'accompagner si tu veux. RDV à 10.30 au bureau.
> 08:49

J'avais prévu de passer la matinée dehors dans le froid, à arpenter les rues de la petite ville voisine de la mienne. Vu la température, je pense que ce sera mieux de ne rester qu'une heure ! La proposition d'Anne tombe bien. J'arrêterai la prospection vers 10 heures, ce qui me laissera une demi-heure pour arriver au bureau. Il n'y aura plus de bouchons puisque ce sera hors de la période de pointe.

Je viens de garer ma voiture sur une place de parking gratuite. Je prends mon courage à deux mains, et sors dans le froid de cette fin janvier. Le vent est glacial et l'air est humide. Il faut maintenant prospecter comme un vrai commercial professionnel. Je ne connais pas les entreprises où je vais aller, elles ne me connaissent pas non plus. Je n'ai rien à perdre, mais tout à gagner. Tant pis si j'ai l'air un peu maladroit ou peu professionnel au début. Je suis là pour apprendre. Plus je rencontrerai d'entreprises et de dirigeants, et plus je serai bon ! Il me faut un maximum de rendez-vous pour faire un maximum de ventes ! Ouaaah ! Ça fait du bien de s'automotiver. Je me sens prêt à l'attaque !

J'entre dans la première entreprise au coin d'une petite rue sans prétention. C'est un cabinet comptable. Je suis reçu par une charmante dame aux lunettes des années 50. Sa coiffure aussi doit dater de cette époque.

— Bonjour. Quentin Buriant, de Noetramus. Nous sommes une société de service en informatique et en téléphonie. Je souhaiterais rencontrer le responsable de votre boutique.

Aie aie aie… Pourquoi j'ai dit *boutique* ?! Ce n'est pas un magasin ! Trop tard, il faut que je reste neutre, et que je ne montre pas que j'ai dit une bêtise.

La dame sourit.
— Nous ne sommes pas un magasin, mais un cabinet d'expertise comptable avec deux commissaires aux comptes. Mais personne n'est là actuellement. Vous arrivez trop tôt.

— Ah, oui, je vois…. Vous pouvez m'aider ?

— Je ne suis que l'assistante des comptables. Je ne vous serai pas d'une grande utilité.
Elle répond humblement en fronçant le front.

Je lui lance une perche, il est possible qu'elle la saisisse...
— Je me demandais si vous aviez une idée de l'âge de votre matériel informatique, c'est-à-dire vos ordinateurs, imprimantes, photocopieurs et votre alarme.

— Oui, bien sûr. C'est moi qui ai regroupé les offres des prestataires quand on a remplacé l'informatique. Ça fait un moment pour les ordinateurs. Le photocopieur a été remplacé il y a six mois et l'alarme… eh bien, on n'en a plus. Il fallait faire un entretien tous les ans, mais les directeurs ne l'ont pas fait parce que ça coûtait trop cher. Pour l'instant, c'est au point mort. Vous vendez des alarmes ?

Parfait ! Je pourrai recontacter la société pour les ordinateurs. S'ils sont anciens, il sera peut-être possible de les remplacer. Le photocopieur n'a que six mois, il n'y a rien à faire de ce côté-là. Ils n'ont plus d'alarme, ce qui est très bien pour moi. Par contre, je n'y connais rien et surtout, ils estiment que ça revient trop cher. Je vais devoir me former aux alarmes avant de revenir.

— Oui tout à fait. Nous les raccordons sur le téléphone. Votre système téléphonique est récent ?

Je n'y connais rien non plus en téléphonie, mais cette information me servira plus tard.

— Nous avons rencontré un vendeur il y a deux ans. Il a repris tous nos anciens téléphones et les a remplacés par une nouvelle installation beaucoup plus performante. Ça marche bien !

Jean Noël m'a expliqué que les contrats en téléphonie sont signés pour cinq ans. Cela veut donc dire qu'il reste trois ans avant de pouvoir les remplacer. Bon, il faudra se concentrer sur les ordinateurs et l'alarme.

— Je vous remercie pour votre accueil. À quel numéro puis-je vous recontacter pour prendre rendez-vous avec le responsable de la société ?

À peine j'ai prononcé ces mots que je me rends compte d'un point important : le responsable de la société n'est pas forcément celui qui prend la décision définitive d'acheter.

— Vous pouvez nous appeler au numéro général. C'est moi qui décrocherai. Je suis Peggy.

Elle me donne une carte avec les coordonnées de l'entreprise. Je la prends et lui promets de la recontacter prochainement.

— Une dernière chose, pourriez-vous me communiquer le nom de la personne responsable des achats ?
J'hésite un instant avant d'ajouter :
— C'est-à-dire, euh… celui qui prend la décision définitive.
Ma voix trahit mon stress soudain.

— C'est Monsieur Dujardin. Mais il est très occupé.

Je lui souris en la remerciant une nouvelle fois et en la quittant. Je ne me suis pas senti à l'aise, surtout à la fin. Il va falloir me rôder à cet exercice, car c'est tout nouveau pour moi. Mais finalement, ce n'est pas désagréable !

**NOTE : Gérer les erreurs**

Cela peut arriver à tout le monde de dire une bêtise sous le coup de l'émotion. Si la bêtise est importante, excusez-vous, essayez de montrer que vous êtes très professionnel, et ce jusqu'à la fin de l'entretien. S'il s'agit d'une petite erreur sans importance, comme une faute de langage, vous pouvez corriger le plus naturellement possible cette petite faute. Vous pouvez aussi ne rien dire, il est possible que votre client ne l'ait pas remarqué.

J'ai rencontré quelques autres entreprises dans la foulée. Le temps passe très vite, il est déjà 10 heures. J'arrive au bureau une demi-heure plus tard. Anne est déjà là et m'attend. Nous arrivons chez le client à l'heure prévue.
Cette société est cliente de Noetramus depuis quatre ans. Jean-Noël Delatombe y a vendu un photocopieur avec un service de maintenance complet. Anne a déjà rencontré le gérant une première fois l'année dernière lorsque celui-ci souhaitait remplacer une partie de son réseau informatique. Mais le client a préféré se tourner vers un autre prestataire pour plusieurs raisons, dont le prix. Nous y allons aujourd'hui pour équiper une salle de réunion d'un téléphone adapté aux conférences téléphoniques. C'est un téléphone qui ressemble à une étoile et que l'on pose au milieu d'une table de réunion. Le haut-parleur central permet au groupe de communiquer avec le correspondant, et chaque

branche de l'étoile possède un micro. C'est pratique, mais assez cher.

Le client est une petite industrie textile d'une vingtaine de personnes. À son arrivée, Anne nous présente comme lors du précédent entretien avec elle. Cette fois-ci, trois interlocuteurs sont présents. Très rapidement, la commerciale identifie le rôle et l'identité de chacun d'eux. Il s'agit du gérant, d'un responsable technique et de la comptable.
Après une brève présentation de Noetramus, mais néanmoins complète, Anne se lance dans la découverte des besoins du client. Elle connaît déjà l'entreprise. Il lui faut approfondir la partie technique rapidement. Elle pose aussi des questions en relation avec les consommations téléphoniques, le coût actuel de la location chez l'installateur concurrent, et tout un tas de questions lui permettant de collecter des réponses pertinentes. Après une demi-heure d'échanges très constructifs et une visite des locaux, qui lui a permis de relever plusieurs informations techniques intéressantes sur le matériel actuel, nous revenons dans la salle de réunion. Au départ, le client souhaite ajouter un téléphone pour les conférences téléphoniques. Anne a aussi identifié d'autres besoins chez lui. Ses multiples validations tout au long de la réunion ont donné à la commerciale toutes les cartes en main pour établir une solution complète. Conformément à la structure de l'entretien, elle présente sa solution au trio en dessinant sur son cahier un schéma de l'installation téléphonique. Je pensais qu'elle dessinait le réseau téléphonique actuel, et qu'elle allait y ajouter le téléphone pour les conférences. Mais à ma grande surprise, elle lui propose de remplacer l'ensemble de l'installation téléphonique : le standard (ou serveur télécom) et tous les téléphones de l'entreprise. Elle met en avant l'évolution technologique et aussi l'évolution de la société du client. Il a de nouveaux besoins, que le dirigeant de l'entreprise a validés, et la solution que propose Noetramus est justement évolutive. Ce qui permettra de faire des économies par la suite. Le gérant reste neutre et impassible. La comptable regarde Anne d'un air suspect et le responsable technique semble ravi de cette solution high-tech. C'est tout de même le chef d'entreprise qui décide d'acheter ou pas. Au départ, il voulait

simplement un téléphone. Il va falloir qu'elle arrive à le convaincre !
Je remarque qu'Anne applique à la lettre la structure de vente. Il n'y a aucun écart par rapport à ce que j'ai appris ces derniers jours. Son attitude est celle que j'ai pu observer la dernière fois. Maintenant qu'elle m'a expliqué les comportements qu'elle observe, je focalise mon attention sur les visages des trois interlocuteurs. À plusieurs reprises, je peux voir apparaître des réflexes en relation avec la conversation. Je ne suis pas un expert des émotions, mais j'ai néanmoins pu voir que le gérant a souri très brièvement plusieurs fois quand elle lui a parlé des possibilités qu'offre ce nouveau matériel. J'ai vu aussi que la comptable a montré une expression de colère quand Anne a parlé du prestataire en téléphonie actuel. Visiblement, elle ne l'aime pas ! Ou alors, il y a eu un différend avec le service comptabilité. Peut-être une difficulté financière ou administrative. En fait, je n'en sais rien ! Mais je suis content d'avoir pu repérer ces quelques expressions. Anne m'a dit que *les micro-expressions du visage montrent que la personne ressent une émotion au moment où l'expression apparaît.* J'adore ce truc ! Si j'avais connu cela à l'époque où je vendais des meubles, j'aurais gagné une fortune avec mes clients !

Elle observe énormément les réactions des trois personnes. Sa communication est simple et directe. Elle n'utilise pas de mots techniques. Je remarque aussi qu'elle emploie exactement le même vocabulaire que le client. Elle parle calmement et elle est rassurante. Son style de communication est cependant différent de Serge. Serge est attentif à ce que le client dit et il adapte sa communication pour se synchroniser à lui. Il m'a dit qu'il crée des émotions positives en montrant à son interlocuteur qu'il est comme lui. J'ai aussi remarqué que Serge parle beaucoup plus qu'Anne. Ses phrases sont plus longues, ses mots plus compliqués et il utilise aussi plus de termes techniques. Il rassure le client à sa façon. Les deux commerciaux ont un style différent, mais les techniques de l'un et de l'autre sont très intéressantes à observer.

Avant le chiffrage, Anne valide avec les trois personnes que cette solution technique corresponde bien à leurs besoins.

— Nous avons vu ensemble comment fonctionne votre société aujourd'hui. Nous avons fait un état des lieux de votre installation téléphonique à ce jour. Nous avons parlé de vos besoins actuels et des possibilités d'évolution, et notamment du téléphone pour la salle de réunion. Et, comme vous me l'avez confirmé, le contrat pour votre matériel téléphonique actuel arrive à échéance.
Elle parle lentement en pesant chaque mot.
Son cerveau doit être en pleine ébullition, comme si on avait plongé un cachet effervescent dans un verre d'eau.
— Nous sommes bien d'accord que cette solution technique correspond bien à vos besoins ?

Elle regarde les trois personnes et plus spécifiquement le gérant qui dit fermement « oui », en hochant la tête. L'ultime validation, la suite logique de la centaine de « oui », qu'il a prononcés depuis le début de cet entretien, la plupart du temps involontairement.
Anne peut donc passer au chiffrage. En quelques secondes, elle a calculé le prix de cette nouvelle installation complète, en y intégrant le coût de la maintenance, un forfait téléphonique professionnel, avec une connexion Internet très rapide. La cerise sur le gâteau, qui devrait convaincre le client, est que Noetramus rachète ses anciens téléphones. Elle a simplement ajouté au prix de son offre, celui des quelques dernières mensualités qui restaient au client pour terminer son contrat avec la société concurrente. Cela permet de retirer l'ancien matériel et de placer la nouvelle solution complète de Noetramus. C'est du beau travail ! Le client est content, car il a l'impression de faire une bonne affaire. Il aura son matériel neuf dans quelques jours et l'ancienne installation, reprise par Noetramus, sera détruite ou recyclée.

La découverte du client a permis de connaître précisément l'ensemble de ses coûts actuels. Elle avait donc une bonne estimation du budget du client. En ajoutant des produits et services correspondant aux besoins recueillis, elle apporte une

valeur ajoutée au réseau téléphonique de la société. Même si le prix de la nouvelle installation est sensiblement le même que les mensualités payées par le client depuis quatre ans, celui-ci est content de cette nouvelle solution. Il a signé rapidement.
Cette fois, le rendez-vous était un peu plus long qu'une heure, car la commerciale s'est attardée à la fin. La prise de congé était plus longue que d'habitude. Elle a pris son temps, car elle a remarqué que le gérant n'était pas pressé. Ils ont parlé plusieurs minutes de la crise dans le milieu du textile. Les deux autres personnes ont quitté la réunion dès la signature du contrat.
Anne sort ravie de cet entretien. Elle n'espérait pas rentrer au bureau avec un aussi joli bon de commande.

— Je ne pensais pas vendre aussi cher chez lui. Je ne lui ai fait que 7 % de remise sur le prix total. Il m'arrive de descendre à 12 ou 14 %. Quand on fait trop de remises, on a des problèmes pour atteindre les objectifs. Jean-Noël est très exigeant. Les chiffres sont les chiffres. Un conseil : fais le moins de remises possible !

Elle a dû percevoir une brève expression de tristesse dans mon regard car elle ajoute :
— Oui, je sais, ce n'est pas facile, surtout au début.

Nous reprenons ensuite la route vers le bureau dans sa voiture qui sent bon le parfum.

— Tu as vendu beaucoup cette semaine ?

— Malheureusement non. J'ai été mauvaise dans la prise de rendez-vous. J'ai négligé la prospection depuis Noël et je n'ai pas réussi à prendre assez de rendez-vous. Mais tu as eu de la chance, tu as vu mes deux seules ventes de la semaine. Ce matin, j'ai eu beaucoup moins de chance. Le prospect est arrivé en retard, il avait peu de temps. Et en plus, il était mal qualifié au départ. J'aurais dû prendre des informations supplémentaires avant d'aller à l'entretien.
Je la regarde avec un point d'interrogation dans les yeux.

— C'est une toute petite société qui est déjà bien équipée. En plus, ils n'ont pas d'argent ! Nous vendons aux PME et aux PMI, mais il faut faire attention où on va. Si tes prospects ou clients ne sont pas capables de payer, ça ne sert à rien de perdre du temps chez eux !

Je peux voir dans son regard qu'elle s'en veut d'avoir perdu du temps. Un commercial doit vendre un maximum pour gagner un maximum de commissions. Son relâchement sur la prospection lui coûte du temps et des entretiens. Elle prend pleinement conscience que cela aura un impact sur son salaire à la fin du mois.

— Et Serge ? Tu sais s'il a bien vendu ?

— Serge a fait deux ventes. Il devait voir un client ce matin. Il y aurait un vieux photocopieur à remplacer. Il n'était pas très sûr de lui quand il m'en a parlé. Il a ajouté que ce client est un radin.
Elle sourit.

Bien qu'il soit encore tôt, nous sommes allés déjeuner. Nous en avons profité pour débriefer ce dernier rendez-vous. J'en profite pour lui poser plein de questions sur ce qu'elle a observé et entendu. Si mes professeurs à l'école avaient été aussi passionnants qu'elle, je serais devenu docteur ! Elle me parle d'émotions et des expressions qu'elle a pu voir sur le visage. Elle cite notamment des expressions de mépris qu'elle a vues chez la comptable à plusieurs reprises quand elle parlait de l'autre prestataire en téléphonie. Elle a aussi observé des micro-expressions de dégoût et de colère chez les trois personnes.

— Ils ne me disaient pas clairement qu'ils n'aiment pas leur installateur, mais je le voyais bien. Les émotions sont plus fortes que les mots ! Il me suffit de regarder les gens et de les écouter pour cerner le fond de leur pensée. Je mets en relation ce qu'ils ont envie de dire avec ce qu'ils expriment inconsciemment. J'utilise les décalages entre les paroles et les comportements. S'il y a une incohérence entre les deux, ça me met sur la piste que la personne me cache quelque chose. À d'autres moments, leurs émotions et leurs expressions renforcent ce qu'ils disent. C'est comme ça que je sais si je vais dans la bonne direction.

— C'est passionnant !
Je suis stupéfait par ce qu'elle dit.

— Il faut que tu lises, Quentin ! Il y a beaucoup d'études sur le sujet. Tu peux vraiment augmenter considérablement tes capacités de vendeur si tu prends la peine d'étudier les bases de la communication et du comportement. On appelle cela la communication non verbale.

J'en avais déjà entendu parler il y a quelques années. Mais comme tout le monde, j'ai cédé à la facilité de regarder des films et des séries le soir et le week-end. J'ai dû lire des livres quand j'étais à l'école. Je n'ai jamais trouvé cela passionnant. Il faut dire aussi que les récits classiques imposés par les profs de français, ou les bouquins de philo lus en une nuit la veille de l'examen m'ont dégoûté de la lecture. Une bonne raison de plus d'aller à la bibliothèque demain. Je devrais y trouver des livres sur ce sujet. Une pensée traverse mon esprit. Cela fait dix ans que je ne suis plus allé à la bibliothèque. Je vais sûrement devoir me réinscrire...

14 h 04. À notre retour au bureau, j'ai tout de suite senti la présence du manager. Une vague odeur de transpiration mélangée à une odeur de tabac froid s'est glissée dans mes narines. Il n'y a pas de doute, Jean-Noël Delatombe est de retour. La porte de son bureau est fermée et je peux entendre une voix vive s'exprimer sans ménagement. Ce n'est pas celle du manager. Comme à son habitude, la porte du bureau de Patricia est ouverte. Nous la saluons dès notre arrivée.

— Il est avec un client qui n'est pas content. Il dit qu'on devait lui changer son vieux photocopieur par un tout nouveau qui devait être branché sur l'ordinateur, et que ça ne marche pas. Il dit aussi que…
Elle baisse la voix et articule exagérément les mots suivants pour

être sûre d'être bien comprise, sans être entendue :

— ...Jean-Noël a vendu quelque chose qui ne marche pas et que c'est trop cher !

Et elle pouffe de rire, silencieusement en poussant des petits grognements.

— C'est classique ! Tu vois, Quentin, on est obligés de réviser les dossiers techniques de Jean-Noël avant de les transmettre à Patricia. Il manque toujours des choses. Si Patricia les transmet tels quels au service technique, Fred, le responsable du département, les refusera ou les mettra en attente. Ça se termine sur une pile et ils ne seront pas traités. Résultat, on risque de perdre des ventes, ce qui est très mauvais pour le chiffre d'affaires de l'agence. Les techniciens se fichent pas mal de savoir si c'est urgent ou pas. Mais pour nous, c'est forcément urgent, car un client peut toujours revenir sur sa décision tant que le matériel n'est pas installé chez lui. Et puis, il faut constamment penser aux chiffres de l'agence. Nous sommes solidaires. Et le premier qui fait des bêtises, c'est le manager ! C'est aussi lui le premier à râler si le chiffre d'affaires du mois n'est pas bon !

Je sens la colère dans la voix d'Anne. À cet instant, Serge rentre après une matinée bien chargée. Comme moi, il a commencé la journée par une heure de prospection sur le terrain, dans une rue à côté de son lieu de rendez-vous. Il a ramené quelques cartes de visite et un numéro de téléphone qu'il dit être intéressant. Je soupçonne qu'il ne s'agisse pas de rendez-vous professionnels. Anne m'a dit qu'il était célibataire et qu'il *prospectait activement* depuis un mois... J'imagine tout à fait ce qu'un commercial chevronné peut entendre par *prospecter activement* lorsqu'il s'agit de relations amoureuses... Cela ne me regarde pas. J'attendrai qu'il m'en parle spontanément. Je n'aime pas me mêler des affaires des autres, surtout que l'on se connaît à peine.

— J'ai fait une vente, la dernière de la semaine...

Il a l'air déçu et peu fier de lui.

— Bravo Serge !

Anne lui sourit très largement et l'encourage à son tour :

— C'est bien ! Avec la super vente de Jean-Noël, nous en avons six cette semaine ! Je reviens aussi avec un bon de commande !

Anne lui tend fièrement son dossier client.

— Ouais, bof, pas de quoi réveiller un mort ! Mon client de ce matin a rencontré un commercial hier et a signé pour un super copieur, avec un contrat sur cinq ans. Il retire toutes les vieilles imprimantes qui viennent de chez nous, et il va tout imprimer sur le nouveau photocopieur. C'est exactement ce que je voulais lui proposer.

Il semble dégoûté en annonçant cette nouvelle.

— Qu'as-tu vendu alors ?

Anne lui montre d'une grimace qu'elle comprend sa réaction.

— Pfff ! Un câble réseau pour son ordinateur portable et une batterie pour son téléphone sans fil ! Quelle misère ! Ce n'est pas avec ça que je paie mon salaire. Et le pire, Quentin, c'est que je vais perdre une demi-heure à remplir la fiche client dans ce fichu système informatique !!!

Cette fois, c'est une expression de colère qui apparaît sur son visage. Anne réagit immédiatement.

— Tu as vu cette micro-expression bien marquée qui vient d'apparaître sur son front, avec les plis en V au niveau des sourcils, et ce regard intense. Si tu as fait attention à sa bouche, tu as peut-être remarqué des tensions au niveau de sa mâchoire et de ses joues.

Elle montre avec son doigt la bouche de Serge.

— Il a à peine desserré les dents quand il a dit *ce fichu système informatique*, ce qui trahit sa colère.

Le commercial se défend en feignant d'être en colère contre elle :

— Eeeh, je ne suis pas ton rat de laboratoire !

Anne continue.

— Il aurait pu aussi dire des choses beaucoup plus positives. Mais son comportement et les expressions de son visage auraient révélé qu'il a ressenti une émotion négative. On a bien perçu la colère au moment précis où la micro-expression est apparue. Quand tu observes des micro-expressions chez un client, il faut toujours mettre l'émotion que tu perçois en relation avec ce que le client dit. S'il se dit content, il doit ressentir des émotions positives. Tu dois donc voir apparaître des expressions de joie, des sourires ou simplement le plissement des yeux comme quand on sourit. S'il dit qu'il est content, mais qu'il montre involontairement des micro-expressions de dégoût, de colère, de tristesse, de mépris ou de peur, cela montre un décalage entre sa pensée et ses paroles. Il y a un problème de cohérence. Cela te met sur la piste que ton client te cache peut-être quelque chose, il ne dit pas toute la vérité. Si tu as un doute quant à ce que ton client te dit, il faut reprendre la stratégie de questionnement et trouver ce qui ne va pas.

Je l'écoute attentivement et j'essaie d'établir mentalement des parallèles avec ce qu'elle m'a dit précédemment. Il va vraiment falloir que j'étudie très rapidement ce sujet.

— Oui, Anne. Tu as raison. Mais moi aussi je vends, je n'ai pas besoin d'étudier autant que toi. J'apprécie beaucoup tes conseils, mais je n'ai vraiment pas le temps de les appliquer.
Serge tape maintenant fort sur son clavier.

— Tant pis pour toi, continue à vendre des câbles et des batteries.
Elle sourit et va rejoindre son poste de travail. J'en fais de même.

Il me reste un peu plus de trois heures pour prospecter afin de prendre un maximum de rendez-vous. Je dois remplir mon agenda de la semaine prochaine !
Je suis rentré à la maison avec de la documentation sur les produits et services de Noetramus. Plus vite je connaîtrai le matériel et plus vite je serai capable de le vendre.
Je n'ai pas eu de nouvelles de Lucie ce soir-là. J'ai pourtant cru

qu'elle m'appelait quand mon téléphone a sonné vers 19 h 30. Mais c'était un certain Pascal, encore un téléprospecteur qui veut vendre des assurances…

**<u>NOTE</u> : La structure de vente**

Au cours de cette semaine, Quentin a découvert une nouvelle manière de gérer la relation client. Cette méthode est basée sur le respect d'une organisation stricte, laquelle inclut une structure d'entretien permettant d'encadrer au mieux la rencontre avec le client. Il a pris conscience de l'importance des émotions. Il sait maintenant que communiquer positivement l'aidera à convaincre son interlocuteur. L'écoute et l'observation lui fourniront beaucoup d'informations, parfois cachées.
La méthode présentée s'appuie sur l'organisation, les compétences du vendeur et la qualité des produits commercialisés par la société.
Toute entreprise a besoin d'un minimum d'organisation pour gérer son activité et ses collaborateurs. Une gestion commerciale stricte et parfaitement organisée permet d'optimiser les capacités des commerciaux et d'assurer l'atteinte des objectifs. À compétence égale, le vendeur rigoureux obtiendra des résultats supérieurs à celui qui l'est moins. Une bonne gestion du temps et des ressources est un élément de réussite nécessaire à respecter quotidiennement.

**<u>Avant l'entretien</u>**

Établir un planning logique par rapport à votre activité, et le respecter.
Le planning présenté au début de ce chapitre est un exemple assez classique que beaucoup de commerciaux peuvent utiliser. Simples et opérationnelles immédiatement, les phrases de prospection permettent de collecter des informations sur les prospects / clients et de prendre des rendez-vous. Les plages dédiées aux entretiens sont

relativement nombreuses afin de pouvoir rencontrer un maximum de clients. La prospection téléphonique, ou sur le terrain, sert à prendre des rendez-vous pour remplir l'agenda de la fin de semaine (s'il reste des créneaux libres) et à planifier des entretiens pour la semaine suivante. Chaque entretien avec le client est prévu à une heure précise et a une durée limitée, généralement à une heure en France.

Le vendeur doit aussi prévoir le contenu de la réunion. C'est pour cela qu'il demande à son interlocuteur de se munir des documents relatifs au matériel existant (contrats, factures, abonnements et autres engagements).

Il est aussi important d'avoir quelques informations sur l'entreprise avant l'entretien. S'agit-il d'une petite PME / PMI indépendante, d'une société plus grande, d'une grande entreprise, ou d'une filiale d'un groupe ? Un bon ciblage en amont vous évitera de perdre du temps avec des prospects qui ne font pas partie de votre cible. De même, il est essentiel de savoir qui le commercial va rencontrer : un acheteur, le chef d'entreprise, un autre collaborateur, un stagiaire ? Une petite entreprise présente l'avantage d'avoir un circuit de décision court. Le vendeur peut rencontrer le décideur rapidement. C'est souvent l'inverse dans les plus grandes entreprises.

## Pendant l'entretien

La structure de l'entretien permet au commercial d'encadrer la réunion tout en contribuant à maîtriser sa durée. Chaque étape est connue et mémorisée par le vendeur qui peut par conséquent mieux se concentrer sur le contenu et la relation client.

Les transitions entre les étapes servent à fluidifier l'entretien, laissant ainsi paraître au client une impression de professionnalisme. Le déroulement des étapes se fait naturellement dans un environnement de confiance. Le rendez-vous se termine par un renforcement de la confiance au travers de la relation.

Les documents administratifs sont remplis conformément et scrupuleusement par les deux parties. Le vendeur vérifie les documents avant de quitter le client. Il ne peut manquer aucun cachet ou signature.

**Après l'entretien**

Le commercial vérifie une dernière fois les documents administratifs avant de les transmettre aux départements concernés. Il est possible que le manager vérifie chaque dossier commercial préalablement à la transmission. Les informations sont saisies informatiquement. Le client est contacté rapidement, dans les jours qui suivent.

# 7. LES ÉMOTIONS

Samedi 26 janvier 2013

7 h 11. Zut ! Je suis déjà réveillé. La nuit a été courte. J'ai encore passé trop de temps à jouer à des jeux vidéo sur Internet avec des copains. J'ai les yeux explosés par la fatigue et la luminosité de l'écran. La semaine était intense et cela m'a fait du bien de décompresser en jouant avec eux. Après quelques rêvasseries et des étirements à se coincer des tendons, je me suis enfin levé. Une fois le petit déjeuner avalé à la hâte, façon céréale-killer, je me précipite vers la bibliothèque avec un bloc de feuilles et un stylo dans la poche. Mon objectif ce matin est de réunir un maximum d'informations pour vendre plus. Il faut que je trouve de la lecture sur les comportements et les émotions. J'ai bien compris que c'est important, mais je réalise aussi que je n'y connais pas grand-chose !
Cet après-midi, j'ai rendez-vous à 14 heures avec Lucie. J'espère qu'elle n'a pas oublié.

9 h 02. La bibliothèque ouvre à l'instant. Cela fait tellement longtemps que je ne suis pas venu que j'ai un peu de mal à m'orienter. Après quelques minutes, je trouve un rayon regroupant une cinquantaine de livres sur la vente et la relation client. Une bonne demi-heure plus tard et un mal de cou causé par une position inhabituelle de fouineur de bibliothèques, j'ai rassemblé quelques ouvrages semblant être plus intéressants que les autres. Malheureusement, je m'aperçois vite que ces livres traitent des mêmes choses. Ils sont similaires à ceux que j'ai pu trouver chez le libraire du coin de la rue. Méthodes et techniques généralistes, apprendre à sourire aux clients, dire bonjour et au revoir, remercier… et d'autres choses tout aussi banales. D'autres proposent des techniques plus poussées que j'ai du mal

à imaginer appliquer dans la vie de tous les jours avec les clients. Stratégie, défense, artillerie de combat, arguments pour négocier. Tout un vocabulaire appartenant à la guerre. Ce n'est pas ce que je cherche. Serge et Anne m'ont convaincu que la force se trouve dans les émotions. Il me faut des livres sur ce sujet, mais je ne sais pas où chercher.

Une employée de la bibliothèque me renseigne gentiment en indiquant des ouvrages précis dans les départements de psychologie et de développement personnel. Elle me sort quelques best-sellers et elle m'indique aussi une autre rangée de livres un peu plus loin dans le rayon. La grande majorité des auteurs sont américains ou anglais. Je reconnais aussi des noms de grands psychologues, dont Freud. J'identifie rapidement d'autres livres qui pourraient me servir. Ils parlent des émotions dans la vie de tous les jours et dans les relations avec les autres. Les émotions y sont abordées dans un but thérapeutique et de bien-être. Zut, ce n'est pas ce que je cherche. Anne a parlé d'études sur le comportement et sur les émotions. Elle dit que nos émotions sont à l'origine de nombreux comportements. Elle a aussi parlé de réactions inconscientes et de réflexes.

Je tourne les pages, je trouve des choses, je feuillette plus loin, j'ouvre d'autres livres, je trouve encore des choses : émotions, expressions, micro-expressions, comportement, réactions, le visage, les mains, les pieds, changement du rythme cardiaque, changement de couleur visible sur le visage, moiteur des mains, tremblements, hésitations, autocontrôle, inconfort et réconfort… Tout est là ! J'ai trouvé ce que je cherchais !
Je prends des notes à la hâte. C'est regrettable que je ne puisse pas emprunter de livres aujourd'hui. Le prêt des livres est réservé aux personnes qui ont une carte de bibliothèque. Et il est impossible d'en obtenir une le samedi ! Zut ! Je vais devoir revenir la semaine prochaine pour mon inscription.
J'ai deux heures devant moi, je devrais pouvoir sortir avec des infos intéressantes. Je prends quelques notes en vrac :

- L'homme est un mammifère comme les autres et une partie de notre cerveau a la même fonction que chez les autres mammifères. Nos réflexes sont les mêmes que ceux des autres mammifères.

- Le cerveau évalue l'environnement et les autres personnes en temps réel. Nous sommes tout le temps à la recherche des dangers qui pourraient nous blesser.

- Les émotions nous permettent de réagir très vite pour faire face aux dangers.

- Les émotions provoquent des expressions visibles sur le visage et sur le corps.

- Les micro-expressions sont très rapides (moins de 1/2 seconde). Elles sont fiables : on sait ce que la personne ressent.

- Les expressions peuvent être longues et contrôlées ou simulées.

- Quand nous percevons un danger, nous nous arrêtons pour évaluer les risques (surprise). Nous réagissons très vite (réflexes) et les autres émotions apparaissent :
  Si le danger est important, nous avons envie de fuir (peur).
  Si nous ressentons qu'il n'y a pas de danger, nous pouvons attaquer (colère).

- Nous ne pouvons pas ne pas communiquer. Tout le monde communique même quand on n'a pas envie de communiquer.

- Respect du territoire : il ne faut pas que je m'approche trop près de mon client, car je ne dois pas nuire à sa liberté. Garder une certaine distance et laisser le client s'approcher de lui-même, surtout si c'est une femme.

- La forme est plus importante que le fond. La façon de dire les choses est plus importante que ce que je dis réellement.

- Réflexe d'orientation : haussement d'une seule épaule.

— Exemple 1 : mon client entend ou voit quelque chose qui ne lui plaît pas, il est possible que je vois un haussement d'épaule d'un seul côté. Il a envie de me tourner le dos, mais il ne le fait pas. Il reste devant moi.

— Exemple 2 : un de ses pieds se tourne vers l'extérieur, hors de l'axe de notre conversation. Il a envie de fuir.

— Exemple 3 : il rentre sa tête dans ses épaules quand il entend une phrase, il ressent un inconfort (exemple : information qui ne lui plaît pas).

- Un client sûr de lui n'a pas peur d'affronter le vendeur ou d'autres personnes. Il ne ressent pas le besoin de protéger son torse et son ventre.
  Exemple : il ne croise pas les bras, il ne tient pas de dossier contre lui pour protéger son ventre, il ne place rien entre le vendeur et lui. Il est à l'aise.

- Une personne à l'aise a des gestes détendus, sans autocontacts.

- Pour créer des émotions positives :

— Toujours garder un regard souple et non invasif.
Ne pas regarder la personne trop longtemps dans les yeux pour ne pas la mettre mal à l'aise ;

— Être souriant et sourire naturellement (ne pas faire de sourires forcés) ;

— Être détendu et montrer qu'on est à l'aise, mais pas trop pour ne pas choquer le client ;

— Parler calmement et naturellement en utilisant des mots simples et des phrases courtes ;

— Toujours utiliser un vocabulaire simple ;

— Garder à l'esprit que le client qui ne comprend pas quelque chose ne le dira pas. S'il ne comprend pas, il ressentira des émotions négatives, dont la peur ;

— Toujours montrer au client qu'on veut l'aider ;

— Rassurer le client en lui disant que l'on a beaucoup de clients comme lui (pour éliminer la peur). Il sera rassuré, car on maîtrise la solution qu'on lui propose ;

— Faire dire « oui » au client (comme dans la structure de vente) ;

— Se synchroniser au client : comportement miroir (mêmes gestes et même vocabulaire). Cela crée un rythme entre le client et le vendeur ;

— Toujours négocier en mettant en avant les faits. Le vendeur ne doit pas exprimer ses sentiments ou ses opinions ;

— Proposer une seule solution au client (avec éventuellement une option), comme dans la méthode de vente ;

— Ne pas laisser le choix au client entre plusieurs solutions, car il pourrait avoir peur de faire le mauvais choix.

**NOTE : Les indicateurs non verbaux**

L'analyse de l'environnement et des autres personnes est automatique, inconsciente et permanente. Nous sommes constamment à la recherche des dangers qui nous entourent. Nous avons besoin de les repérer et de les identifier pour adopter la réaction appropriée.

**Les réflexes**

Notre cerveau primitif scrute le moindre détail perçu par nos organes des sens. Il marque un bref arrêt lorsqu'une information lui indique que nous pouvons être confrontés à un danger. La surprise est l'émotion que nous ressentons avant de prendre une décision : fuir ou attaquer. La fuite est provoquée par la peur, l'attaque est générée par l'émotion de colère. D'autres émotions nous protègent. Le dégoût nous pousse à éviter les risques toxiques pour l'individu. La tristesse attire la compassion des autres. Cette émotion est sociale. Le mépris est en relation avec un sentiment de supériorité vis-à-vis des autres. Ces six émotions peuvent se combiner et former de nouvelles émotions telles que la honte, la culpabilité, la haine, la fierté...

Lorsque notre système de défense perçoit un danger, notre corps se met en alerte sous l'effet de l'une ou de plusieurs de ces émotions négatives.

La joie est une émotion positive. Elle est unique et provoque à son tour certains changements physiologiques. Elle a aussi un impact physique visible puisque notre comportement trahira inconsciemment malgré nous ces émotions positives que nous ressentons. La joie est reconnaissable par le sourire sur le visage, mais également par une attitude d'ouverture et l'apparition d'autres signaux.

Notre communication est inévitable. Quoi que nous fassions, même quand nous n'agissons pas, nous communiquons aux autres nos émotions. Ainsi, nous ne pouvons pas ne pas communiquer.

## Les expressions du visage

Ces émotions sont à l'origine d'activations musculaires visibles sur le visage : les expressions faciales. Leur intensité et leur vitesse sont variables. Les expressions apparaissent sur notre visage lorsque nous ressentons des émotions. Les micro-expressions ont été documentées par les scientifiques depuis des dizaines d'années. Elles sont décrites comme des signaux fiables d'émotions ressenties. Elles durent moins d'une demi-seconde. Ce sont des réflexes. Certaines expressions peuvent durer plus longtemps, au point qu'on a l'impression que le visage de son interlocuteur est figé. Il peut afficher un grand sourire ou une tristesse intense. Les expressions d'une durée supérieure à une demi-seconde peuvent être simulées. Alors que les micro-expressions sont des réflexes totalement incontrôlables. Leur durée sera toujours brève.

## La boucle du confort

Quand nous ressentons une tension, un stress, ou un inconfort, quel qu'il soit, nous avons tendance à produire inconsciemment et involontairement des gestes de réconfort (comportements de compensation). Ceux-ci ont pour objectif de nous rassurer quant à notre survie. Les gestes de réconfort tel que des grattages, frottements, automutilations ou simples caresses, renseignent notre cerveau sur le fait que nous sommes toujours en vie. Il s'agit d'un réflexe visant à retrouver le confort perdu. Cela s'appelle la boucle du confort.

## Le territoire

Étant donné que vous devez être prêts à fuir ou attaquer à tout moment, il est important de préserver le territoire de votre interlocuteur. Si vous vous approchez trop près de lui, vous le verrez peut-être se reculer. Cette attitude de fuite est provoquée par un besoin de protection. Il est recommandé de ne pas envahir le territoire des autres. Laissez suffisamment de place entre eux et vous afin de ne pas déclencher d'émotions négatives chez eux.

**Un biais de perception : la solution unique**

Après une étude des besoins du client, il est préférable de n'apporter qu'une seule solution. La solution unique, avec éventuellement une option, permet de montrer au client que l'étude a été réalisée sur mesure en fonction de ses besoins réels. Quand un vendeur laisse le client choisir entre plusieurs solutions, il peut créer une confusion dans l'esprit du client. Celui-ci se trouve alors dans l'impossibilité de prendre une décision rationnelle. Il ressent le besoin de réfléchir et finalement, il est possible qu'il ne prenne aucune décision.
Le vendeur a aussi tout intérêt à exprimer des éléments factuels. Le client pourrait ne pas être d'accord avec le commercial qui exprimerait des sentiments ou des opinions.

Les notes prises par Quentin pourront être utilisées par n'importe quel commercial dans une situation de relation client et plus généralement dans tous types de relations aux autres.

11 h 52. La bibliothèque va bientôt fermer, je dois partir. Je suis content d'avoir eu le temps de parcourir ces livres et de noter ces quelques informations. Il faudra que je revienne pour approfondir le sujet ! Je ferai aussi des recherches sur Internet. Par contre, j'ai un peu peur d'avoir des difficultés pour déchiffrer les études en anglais. Je n'ai jamais été très fort en langues étrangères.
Le temps de manger et je rejoins Lucie près de la fontaine !

13 h 54. Je suis en avance, et elle aussi. Il fait horriblement froid aujourd'hui. Le genre de froid piquant qui traverserait l'épaisse couche de graisse d'un manchot sur la banquise. Je me laisse glisser vers elle en profitant d'une plaque de verglas. Ce jeu d'enfant m'a toujours amusé, même si en glissant de la sorte je me sens un peu ridicule. Trop tard, je l'ai fait ! Elle me regarde en souriant, et je me rends compte que j'ai vraiment été ridicule ! Ça commence mal. On dit toujours que la première impression est la bonne. Pour le coup, c'est raté ! Mais qu'est-ce qui m'a pris ?! Bon, ce n'est pas grave, on se connaît déjà, même si je

voulais vraiment soigner ce rendez-vous.
Après un bonjour rapide et quelques banalités sur le froid qui nous semble être polaire, nous partons faire du shopping. Lucie me semble moins timide que la dernière fois que nous nous sommes vus. Elle semble détendue, elle est souriante et elle n'a plus peur de me regarder dans les yeux. Ce que j'ai lu ce matin me donne beaucoup d'indications sur ce qu'elle ressent. Anne a beaucoup insisté sur les micro-expressions du visage. Les photos que j'ai vues dans les livres m'ont appris à identifier précisément les expressions en relation avec les émotions ressenties.

Une question me vient à l'esprit :
— Pourquoi tu as dit que je ne tiendrais pas trois jours dans ce nouveau job ?

À peine ai-je prononcé cette question que je vois apparaître sur le coin de sa bouche un petit sourire uniquement du côté gauche. Une micro-expression de mépris ! Cela trahit un sentiment de supériorité.

Elle ne me répond pas tout de suite.
— Heuuu… Parce que je te connais…
J'ai ressenti une hésitation dans sa voix, et elle reprend ensuite :
— Tu es informaticien, pas commercial. Enfin, tant mieux si ça marche !
Un sourire sincère illumine au même moment son visage.

Je reste un instant en face d'elle, souriant et un peu figé. Je n'avais rien à répondre à cela. Ce qu'elle vient de dire m'interpelle. Elle a un peu hésité quand elle a répondu. Si elle avait dit quelque chose de complètement différent comme *c'était simplement pour t'embêter*, elle aurait menti. Ses mots auraient été incohérents par rapport à ce qu'elle a ressenti quand elle a entendu la question. Mais dans le cas présent, tout est cohérent. Voilà donc une mise en application directe de la science des émotions ! C'est génial ! Je vais pouvoir utiliser cela avec mes clients !

Après deux heures de shopping, nous décidons de manger notre

goûter. Il n'y a pas d'âge pour le goûter. Les enfants raffolent d'un gâteau à 16 heures, et moi aussi ! C'est autour d'un chocolat chaud et d'une tarte tatin que nous avons fêtons notre premier après-midi de shopping. Lucie ne m'a pas dit qu'elle est contente d'être là, mais je le vois bien. Son comportement montre qu'elle est heureuse. Ces gestes sont souples, elle est détendue ; elle est tournée vers moi et n'a pas peur de s'approcher ; ses épaules sont dans l'axe de la conversation ; les pupilles de ses grands yeux sont dilatées. Pendant que nous parlons, j'ai remarqué qu'elle se passe régulièrement la main dans les cheveux. Elle a aussi la tête penchée et son regard est doux. J'ai lu ce matin que chez certains animaux cela correspond à une situation de séduction. Les mammifères utilisent leur fourrure comme accessoire de séduction, les oiseaux se lissent les plumes, les humains jouent avec leurs cheveux. Décidément, le courant passe de mieux en mieux entre nous ! J'aime bien être avec Lucie. Notre goûter a duré trois heures ! Lucie a dû rentrer vers 19 heures, car une amie l'attendait pour aller au cinéma.
J'ai suivi les conseils de Serge pour créer des émotions positives. J'ai aussi appliqué ce que j'ai lu à la bibliothèque. J'ai fait ce qu'il fallait pour créer un climat de confiance. Je l'ai mise à l'aise et j'ai évité autant que possible de créer des émotions négatives. Ces quelques notes m'ont déjà bien servi !

**NOTE : Un héritage de nos ancêtres**

Ces comportements de séduction ont été documentés par des anthropologues depuis des dizaines d'années. Les scientifiques ont établi des recoupements entre les comportements des mammifères et ceux des humains. Des comportements similaires ont été repérés depuis très longtemps chez d'autres espèces animales.

Une fois rentré chez moi avec mes trois cravates, un costume et deux chemises, je m'installe devant mon ordinateur pour la soirée. Je suis désormais transformé en super commercial prêt à vendre. Je suis motivé et je vais montrer à mon nouveau chef que je suis capable de vendre aussi bien que les deux autres commerciaux. Mon objectif pour cette année : me faire le plus gros salaire de la boîte. Je suis motivé !

Dimanche 27 janvier 2013

13 h 14. J'ai mal au crâne. Je viens de me réveiller après une nuit de chat sur Internet avec Lucie et deux autres copains. C'est pourtant tellement facile de se voir ou de se téléphoner. Mais non, des milliers de personnes font comme moi : ils passent des heures sur Internet à taper du texte sur des réseaux sociaux.

Je vais passer l'après-midi à lire les fiches techniques des principaux produits de Noetramus. Courage !

# 8. MON PREMIER MOIS

Vendredi 1er février 2013

Ma première semaine de vente sur le terrain s'est déroulée comme je l'espérais. J'ai essayé de mettre en application tout ce que j'ai appris avec l'équipe commerciale et avec les livres de la bibliothèque. J'ai pu voir se dérouler le planning tel que me l'a décrit Serge. L'organisation a été respectée à la lettre. J'ai fait beaucoup de prospection et j'ai réussi à prendre quelques rendez-vous. Malheureusement, aucun des prospects n'était disponible pour me rencontrer cette semaine. Les rendez-vous auront lieu la semaine prochaine. J'en ai profité pour prospecter par téléphone et sur le terrain. J'ai collecté des cartes de visite, j'ai téléphoné pour qualifier des fiches et j'ai appris à utiliser les fonctions de base de RAM16, le logiciel de gestion client. Le plus intéressant était d'essayer d'appliquer les recommandations de Serge et Anne. J'ai eu de très bons contacts avec les personnes rencontrées pendant la prospection sur le terrain. Je me sens de plus en plus à l'aise lorsque je suis en relation avec des prospects, même si je ne connais pas encore bien les produits que nous vendons.

C'était une semaine bien chargée, durant laquelle j'ai appris beaucoup de choses sur le matériel, les services et les procédures de Noetramus. Les contacts avec l'équipe sont devenus de plus en plus simples. Les relations sont cordiales avec certains et amicales avec l'équipe commerciale. Je m'entends très bien avec Patricia. Quant à Jean-Noël, son caractère bourru semble être l'origine des tensions avec elle ainsi qu'avec le reste de l'équipe. La communication est difficile avec lui. Il a des idées bien arrêtées. Il a toujours raison et les autres ont toujours tort. Il ne se remet jamais en question. Il est agressif, domine les autres et en plus on ne peut pas lui faire confiance. Il joue un double jeu. Il est mielleux avec les clients et prospects, parfois aussi avec les commerciaux quand il a besoin de quelque chose. À d'autres moments, il est agressif avec l'équipe commerciale et ignoble avec Patricia. Et surtout, il pue quand il est stressé !

Je suis allé à la bibliothèque mardi en fin de journée. Il fallait que je remplisse quelques documents administratifs qui donneraient le droit de posséder une carte magique permettant d'emprunter des livres. Je suis immédiatement reparti avec cinq ouvrages sur la communication non verbale et les émotions. J'ai hâte de les lire !

J'ai revu Lucie à deux reprises cette semaine. Nous nous sommes aussi parlé par téléphone, par SMS, par chat sur Internet et envoyé une bonne centaine d'e-mails. Elle est très réceptive à la communication et les techniques pour créer des émotions positives semblent très efficaces avec elle. Je maîtrise de mieux en mieux l'analyse des comportements grâce à mes lectures et aux conseils d'Anne.

La semaine suivante, j'ai réalisé trois entretiens. J'ai vendu mon première petit serveur télécom avec cinq téléphones et des communications passant par Internet. Je suis fier de moi. J'ai mis en application tout ce que j'ai appris depuis mon arrivée chez Noetramus. Aucun regret pour les deux autres entretiens, ils étaient mal qualifiés. Lors de ma prospection de la semaine précédente, j'ai mal ciblé les prospects. Les deux rendez-vous étaient inutiles. Une erreur de débutant !
Je continue à m'accrocher pour apprendre aussi vite que possible à établir une solution technique rapidement et efficacement sans me tromper. Il faut que j'apprenne très vite pour maîtriser au mieux les entretiens et la proposition de la solution à la fin. Je connais maintenant la structure de vente et je maîtrise mieux le déroulement de l'entretien.
Par contre, j'ai peu de temps pour ma vie personnelle. Les journées sont longues et le temps très mauvais. Il fait froid, l'hiver n'en finit pas. Je manque d'énergie. À part quelques e-mails et SMS, je n'ai pas vu Lucie. Elle est clouée au lit avec

une grippe. Pas de chance ! Le week-end est triste sans elle. Du coup, le samedi, j'en ai profité pour passer la journée à la bibliothèque. Le dimanche, j'ai lu en accéléré les livres que j'ai empruntés. Toutes les notes que j'ai prises m'ont servi dès le lundi suivant.

La quatrième semaine chez Noetramus a été fantastique. La maîtrise de la communication m'aide énormément à gérer la relation client. Je pose des questions, j'écoute, j'observe, je communique positivement, je ne laisse aucune émotion négative entrer dans les entretiens, je réponds à toutes les objections tout de suite, je n'en laisse traîner aucune. Si le client montre un doute, je réponds immédiatement à son objection. Mon objectif : créer un maximum d'émotions positives. J'analyse ses réactions, je vois ses émotions, je fais attention à son comportement et je relève tous les attitudes et les gestes qui montrent un inconfort. J'ai réalisé trois ventes sur sept entretiens. Les statistiques sont bonnes et le chef est content. Il m'a convoqué dans son bureau le vendredi après-midi. Il m'a confirmé que la période d'essai est terminée. Je devrais recevoir mes cartes de visite dans quelques jours. Je suis très content de moi et j'ai hâte de recevoir mon premier salaire.

J'ai passé la soirée du jeudi avec Lucie. Il fallait que je la vois le 14 février, même si elle était encore un peu malade. Je n'allais tout de même pas laisser passer la Saint-Valentin ! Elle a très bien compris le message et c'est le moment que nous avons choisi pour nous rapprocher pour de bon. Après un bon restaurant, elle est venue chez moi. C'est alors qu'elle est tombée nez à nez avec le dernier livre que j'ai emprunté samedi. Elle est intéressée et intriguée par mes lectures. Je lui ai expliqué que cela allait me servir pour mon nouveau travail. J'ai remarqué qu'elle a eu une micro-expression de peur quand elle a réalisé que j'avais peut-être utilisé certaines techniques avec elle. Je l'ai rassuré immédiatement sur le fait que ce sont des techniques de vente et que je ne veux surtout pas les utiliser pour manipuler les autres.

— Je n'ai jamais utilisé ces techniques avec toi. Je ne me

permettrais pas d'analyser ton comportement, et encore moins d'essayer de t'influencer !

Enfin, c'est ce que je lui ai dit… Il a fallu la rassurer de manière à ne pas prendre le risque de perdre sa confiance. Et pour cela, j'ai utilisé les mêmes techniques… Il fallait bien que je la tranquillise sur notre relation ! Je sais que ce n'est pas bien, mais c'est un cas de force majeure.
Nous nous sommes vus presque tous les jours. Elle me donne le courage et l'énergie pour démarrer une nouvelle journée.

# ÉPILOGUE

Les mois suivants se sont déroulés selon la même continuité. Mais ce qui a changé, c'est que maintenant je ne vis plus seul entouré de mes cartons de pizza et de ma console de jeux. Lucie est venue habiter avec moi, et nous avons déménagé dans un appartement plus près du centre-ville. Ce n'est pas très pratique pour garer la voiture, mais tant pis, c'est la vie…

Côté boulot, ma situation est au beau fixe ! La qualité de ma prospection s'améliorant, j'ai de plus en plus de rendez-vous qualifiés et j'ai réalisé pas mal de ventes ces dernières semaines. J'utilise aussi mon réseau personnel et professionnel. Je connais des gens qui connaissent des gens... qui connaissent des gens, et j'utilise ces relations. Je ne sors jamais de rendez-vous sans demander les noms de deux personnes que je peux contacter de la part du chef d'entreprise. Cela m'aide considérablement dans les prises de rendez-vous. De plus, le fait d'être recommandé par un autre professionnel joue sur la première impression que ressent ce nouveau prospect quand j'arrive chez lui. Il aura plus envie de m'acheter quelque chose.

Je maîtrise à présent parfaitement la structure de vente et le déroulement des entretiens clients. Je suis capable de vendre la totalité des produits et des services proposés par Noetramus. Il m'arrive d'avoir encore des hésitations quand la solution technique est trop complexe. Dans ce cas, je fais appel à Fred qui m'aide à établir mes propositions commerciales. Quand les solutions sont trop compliquées, je préfère retourner chez le client avec un technicien ou établir la solution au bureau, quitte à retourner chez le client pour un second rendez-vous. Je ne prends jamais de risque, car j'ai peur de faire des bêtises qui pourraient coûter cher à la société.

Je maîtrise de mieux en mieux les techniques de communication et je sais que je suis de plus en plus crédible pour mes clients. Je ne cesse d'écouter et d'observer mes interlocuteurs dans toutes les situations. Je suis capable de collecter énormément d'informations en peu de temps, mais je suis toujours prudent quant à leur qualité. J'ai compris qu'il est impossible de tout savoir sur quelqu'un, et notamment si je suis en face d'un bluffeur. C'est comme dans un jeu de poker, on ne peut pas tout savoir, mais une analyse attentive de la stratégie de l'autre permet de gagner beaucoup d'argent. Comme Serge, je communique énormément sur le registre des émotions positives. Cela m'aide à réaliser de nombreuses ventes. Serge a raison. Mais Anne aussi a raison. Ma technique personnelle repose sur une combinaison du savoir-faire de Serge et Anne.

Aujourd'hui, je suis devenu le meilleur vendeur de ma boîte !

# LIRE PLUS...

— Goulard, Éric. *Comment détecter les mensonges. Vos émotions vous trahissent...* Leducs Éditions. 2013. 256p

— Goulard, Éric. *Comprendre et maîtriser l'intelligence non verbale.* Leducs Éditions. 2014. 256p

— Goulard, Éric. *Ne vous trompez plus sur leurs intentions. Les sciences cognitives au service de vos relations.* Createspace. 2013. 184p

— Goulard, Éric. *Osez forcer la chance.* Createspace. 2014. 196p

— Goulard, Éric. *Tous Irrationnels ! Votre cerveau vous joue des tours.* Createspace. 2014. 256p

Livres disponibles sur Amazon : livres.ericgoulard.com

# À PROPOS DE L'AUTEUR

Expert en relations humaines, Éric Goulard est spécialisé dans la communication non verbale et la crédibilité (dont les techniques de persuasion et la détection du mensonge).

Il a consacré plusieurs livres à la perception et aux sciences sociales, dont la façon de maîtriser l'intelligence non verbale, comment détecter les mensonges et l'importance de la perception dans les relations humaines.

Il est aussi consultant, formateur et conférencier en France et en Belgique. Il intervient auprès d'entreprises pour des projets qui requièrent l'observation des comportements, l'analyse et la gestion des émotions, ainsi que l'utilisation de techniques de communication persuasive.

Ses formations et coachings personnalisés sont destinés aux professionnels (entreprises et professions libérales) et aux particuliers.

Éric Goulard est le premier en France à être certifié master en reconnaissance des micro-expressions faciales et expressions subtiles (MiX Elite et SubX Elite).

http://www.ericgoulard.com

12560206R00115

Printed in Poland
by Amazon Fulfillment
Poland Sp. z o.o., Wrocław